JN021699

W I Z A R D

モンスター株の売買戦術

大化け銘柄を
どこで買い、
増し玉し、
手仕舞うのか

MONSTER
STOCK
LESSONS
BY JOHN BOIK 2020-2021

ジョン・ボイク[著]　長岡半太郎[監修]　山口雅裕[訳]

Pan Rolling

監修者まえがき

　本書は、個人投資家向けの書籍をいくつも著しているジョン・ボイクの著した"Monster Stock Lessons：2020-2021"の邦訳である。これは、世界が新型コロナウイルス感染症（COVID-19）によるパンデミック禍にあった2020年ならびに2021年において、大きく値上がりしたアメリカ株の銘柄に焦点を当てた備忘録である。これを手に取った読者の関心はおそらく、極めて良好なパフォーマンスを上げた銘柄に共通した特徴を知ることにあるだろう。ボイクはそれらの銘柄の時系列データ上の特徴を解説しているが、かつてウィリアム・オニールの下で、デビット・ライアンが大量の大化け銘柄のチャートを観察して知見を得たように、本書を一読すれば大きく上昇する銘柄の必要条件を理解することはそれほど難しくはないだろう。

　だが、実際にそうした銘柄をトレードするためには、個別銘柄のスクリーニング条件を知ることよりもはるかに重要なことが別にあり、それはマーケット全体の方向性を正しく把握することにほかならない。本文中にもあるように、ボイク自身はそれを判断する根拠としてインベスターズ・ビジネス・デイリー紙による市場見通しを使っている。これは週足を使うような比較的短い時間枠での市場の方向性判断について鋭い示唆を与えてくれる。

　一方で、1年を超えるような長い時間枠での方向性については、マクロ要因、特に各国中央銀行の金利政策とその背景を理解するのが最も手堅い方法である。思い返せば、2020年の春（コロナショック後）の段階で、私の周囲は機関投資家も個人投資家もだれ一人例外なく、株式市場の見通しについては極めて強気であった。そのよ

うに全員の意見が一致することは、かつて一度も体験したことがない異例のことで、私はそれをとても気味悪く感じていたほどであったが、未知のウイルスの実態がまだ何も分からない不確実性下での彼らの強気の裏付けは、結果として中央銀行の動向だけで十分であった。これを読み解くヒントとしては『キャリートレードの興隆』（パンローリング）に詳しい解説があり、本書と合わせて読まれれば、次の機会を捉えるのに大いに役立つことになるだろう。

　翻訳にあたっては以下の方々に心から感謝の意を表したい。翻訳者の山口雅裕氏は実に丁寧な翻訳を、そして阿部達郎氏は丁寧な編集・校正を行っていただいた。また本書が発行される機会を得たのはパンローリング社社長の後藤康徳氏のおかげである。

2023年7月

長岡半太郎

■目次

はじめに

Introduction

本書では2020年と2021年の株式相場を振り返りながら、急騰してモンスター株になった多くの先導株を分析する。念のために前著の『モンスターストック（Monster Stocks）』から引用しておくと、私はモンスター株を次のように定義していた。

　　株価が短期間に２倍以上になる銘柄。モンスター株における短期間とは、歴史を振り返るかぎり、通常４カ月から１年半の範囲だ。ほとんどはこの中間ぐらいと考えてよい。急騰するモンスター株は通常６〜12カ月の間に最も大きく動くからだ。そして、本当に大化けするモンスター株の多くはこの短期間に３倍、４倍、あるいは10倍以上にさえなる。

　2020年の第１四半期後には多くの先導株が生まれた。第１四半期は株式相場史上まれに見る短期の弱気相場（直近の高値から20％以上の下落と定義）に陥った。しかし、その短期の弱気相場から一握りの先導株が生まれ、2020年の第２四半期以降から2021年にかけて相場の上昇を牽引した。よって、相場が調整してもけっしてトレードをあきらめてはならない。あきらめたら、上昇相場に転換したときに最高のトレード機会を逃すだろう。2020年の第１四半期の終わり近くで相場に見切りをつけた人は、何十もの銘柄が短期間に急騰した絶好の機会を逃したはずだ。しかし、2020年に大化けした先導株の多くは、市場全般の上昇トレンドがその後も続いたにもかかわらず、2021年には上昇が続かなかった。このことから、売りのルールに当てはまったら、それをしっかり守ることがいかに重要かが分かる。上昇中に得た大きな含み益のほとんどを吐き出すべきではない。ここでは、どうしてそうなったのかを分析して、今後の相場サ

イクルで教訓として生かせるようにするつもりだ。しかし、前年の先導株の地位を維持できなかった株がある一方で、2021年のちゃぶつく上昇トレンドのなかで成長した先導株もある。2020年よりも相場を主導するセクターの移り変わりが多かった2021年に、新たな先導株がどうやって生まれたのかも見ていく。

　株式市場の歴史を研究すれば、市況がどのように周期的に変動して新たなトレードの機会が生じるかを理解できるし、先導株がどのように天井を付けて下降トレンドが始まるかを知る手がかりも得られる。また、上昇トレンドが続くと、相場を新たに牽引する株が必ず現れる。この２年間を分析するときに注意しておきたいことがある。１年で２倍以上になったモンスター株の状態を測るときには暦年で見ることにする。これは１年間に２倍以上になった先導株と、それらを捉える機会が何回あったかを見るためだ。もちろん、多くの先導株はこよみ上の区切りをまたぐ１年で２倍に上昇する。それでも、暦年で見れば、そういう銘柄がいくつ現れたかや、どのように大きな利益を得る機会をもたらしたかが簡単に分かる。そして、適切に対処できれば、年に数銘柄のモンスター株だけで株価指数に勝つリターンが得られる。モンスター株の上昇を始めから終わりまで捉えることはできないし、それらの銘柄すべてを捉えることもできない。目指すべきは、どの銘柄が過去の勝ち組と共通する特徴を持っているかを見極めて、それらが上昇トレンドを形成しているうちにトレードをして、驚異的な上昇の一部で利益を得ることだ。

　2020年と2021年を分析するにあたって、相場全般や先導株の動きを測るために使う指標をいくつか示しておこう。私が主に利用している情報源はインベスターズ・ビジネス・デイリー（IBD）だ。彼らは相場が堅調かどうかを何十年にもわたって日々分析してきた。

図I.1 2020年のナスダックの日足（ストックマスター）

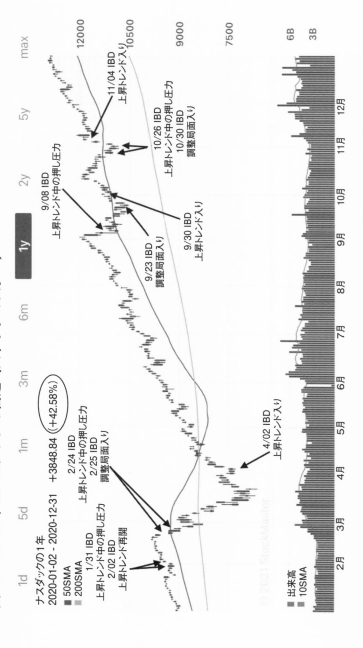

その経験は非常に貴重だ。**図I.1**は2020年のナスダックのチャートで、インベスターズ・ビジネス・デイリーが堅調さの変化（上昇トレンド入り、上昇トレンド中の押し圧力、市場の調整局面、上昇トレンドの再開）に応じて解釈の変更を判定したものだ。これらの判定は株式市場全般の変化に応じて行われ、ほとんどの銘柄は通常、市場全般の変化に従って動く。2020年にインベスターズ・ビジネス・デイリーが「市場の調整局面」に分類したときが３回あった。１回目はコロナウイルスに対する不安のせいで大幅安が始まった２月末ごろだ。これが急激だが短期に終わった弱気相場の始まりだった。その後、９月末と10月末に相場の調整局面が１回ずつあった。いずれも短期間の下げで終わり、やがて相場は上昇基調を取り戻した。４月から８月は上昇トレンドが着実に続き、優良銘柄のほとんどが上昇した。この年の最後の２カ月も先導株は非常に好調だった。

新高値と新安値

　市場全般の堅調さを確認するために私が使っているもう１つの指標は、52週新高値と52週新安値の銘柄数の差だ。市場についての２次的な指標はたくさんあり、おそらく多すぎる。良いものもあれば、そうでないものもある。長年にわたる調査の結果、市場平均の指標として一貫して信頼できるのは52週新高値数と52週新安値数の比率だと分かった。私はこの２つの銘柄数の差をハイ・ロー・ゲージ（「H/L/G」）と呼んでいる。私は毎日これを観察し、市場平均の動きと比較している。ただし、これも２次的な指標であることに注意してほしい。主要な市場平均の価格と出来高の動きや、市場全般の上昇を牽引している銘柄や下落時に大きく下げている銘柄を毎日観察す

ることに勝るものはない。しかし、H/L/Gは市場の値動きに一致していたか、先行していたという確固たる歴史がある。そして、それは理にかなっている。新安値を付ける銘柄よりも新高値を付ける銘柄のほうが多くなければ、明確な上昇トレンドが形成されることはないし、逆も同じことが言える。また、上昇トレンドと下降トレンドにはさまざまな段階と程度がある。ほかのものよりも強かったり弱かったりする場合もあるし、ちゃぶついて捉えるのが難しい場合もある。H/L/Gでプラスやマイナスの日や週がどのくらい連続するかや、H/L/Gのトレンドから市場全般の堅調さが判断できることが多い。確かにH/L/Gにはトレンドがあり、その強弱は市場の動きと驚くほど一致している。本書ではその点には詳しく触れない。アレキサンダー・エルダー博士の『ザ・ニューハイ・ニューロー・インデックス（The New High-New Low Index）』には、新高値数と新安値数の比率の程度について、多くのことが述べられている。

　この相関に初めて気づいたのは私ではない。この比率は何十年も前からあり、多くの株式調査会社が使っている。ギルバート・ハラーは1965年に『ザ・ハラー・セオリー・オブ・ストック・マーケット・トレンズ（The Haller Theory of Stock Market Trends）』という本を書いた。株式市場に関する彼の広範な研究は新高値と新安値の比率の重要性に焦点を当てたものだ。彼は、「数年間にわたってNH-NL指数をチャートにしたら、株式市場のテクニカルの強弱を測るときの重要な要素だと分かった」と述べている。**図I.2**は彼の著書からの引用だ。彼は週足で比率を計算している。1960年の株式市場はほとんど下げていて、その年の半ばには大きく上下動するトレンドがあった。これを見ると、彼のNH-NL（新高値・新安値）

指数がそのトレンドとどう相関しているかが分かる。1961年は5月中旬まで非常に力強い上昇トレンドが形成された。その後、5月下旬から7月下旬まで大きく下落した。そして、力強く上昇すると12月までちゃぶつき、その後は再び大きな調整局面に入った。**図I.2**を見ると、彼の週足でのNH-NL指数が2年間の株式市場の動きといかに相関していたかがはっきりと分かる。また、彼は上昇・下落した銘柄数を週単位で追いかけて、「A&Dインデックス」と名付けた指数の値を算出した。

市場に関する多くの優れた本の著者であるアレキサンダー・エルダー博士は、この研究に特化した『ザ・ニューハイ・ニューロー・インデックス（The New High-New Low Index)』という本を書いている（これは非常にお勧めだ）。この本で重要な点は、この指数が数日か数週間、株式市場の先行指標になることを発見したところだ。彼の研究によると、この指数の傾向と水準に従えば、株を買う・売る・様子見をするタイミングが改善される。また、この指数の水準と動きから、市場のトレンドの強弱やそれがどれくらい続きそうかを測ることができる。本書で取り上げた2年間で、これがいかに正確だったかが分かるだろう。

私の考えでは、ジェラルド・ローブは1920年代から1970年代の50年で最も成功したトレーダーの1人だが、彼もこの新高値数と新安値数の比率をよく使っていた。今日でも、多くのトップトレーダーがこの比率を毎日観察し、市場全般の動きと比較している。私はインベスターズ・ビジネス・デイリーが購読者向けウェブサイトで発表している新高値と新安値の数字を毎日使っている。インベスターズ・ビジネス・デイリーは1株10ドル未満の銘柄と、1日の出来高が1万株未満の銘柄を除外している。つまり、インベスターズ・ビ

図I.2　ダウ平均に対応するNH-NL指数（1960～1961年）

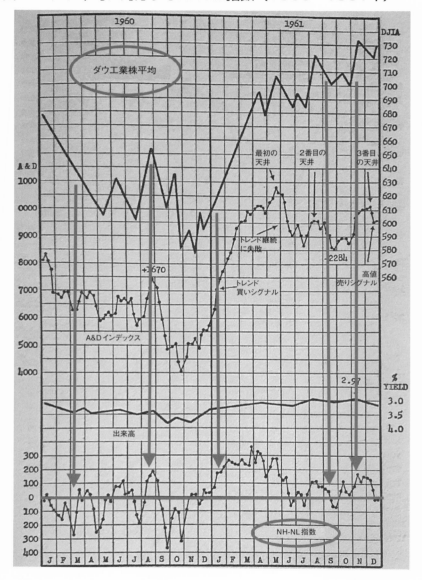

図I.3　2020年のナスダック指数と新高値・新安値の銘柄数の差
　　　　　（ストックマスター）

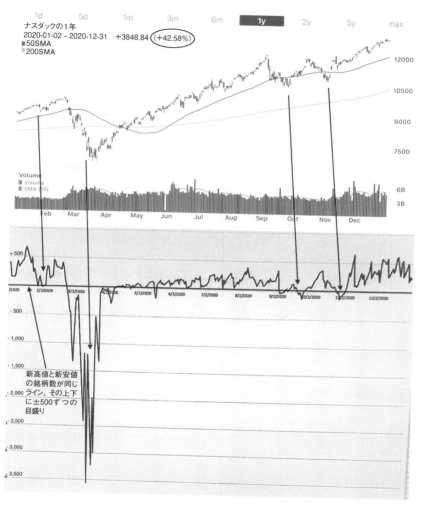

ジネス・デイリーの数値では、市場で取るに足りない銘柄は外されている。そのため、インベスターズ・ビジネス・デイリーの数値は全取引銘柄で計算されているほかの情報源とは異なる。1960年代にハラーが発見したように、この追跡は市場全般の堅調さの度合いを驚くほど正確に測っている。**図1.3**は2020年のナスダックのチャートで、その下にインベスターズ・ビジネス・デイリーのサイトから私が毎日算出した新高値と新安値の銘柄数の差をチャートにして載せている。これを見ると、両者の相関がよく分かる（下のチャートは市場との日付がずれているため、上下がぴったり一致しない。そのため、矢印で同じ日付を示している）。2021年については、第2章の**図2.33**で同じ情報を示している。

MVP株

　モンスター株になるような銘柄を追いかけると、歴史的な大勝ち銘柄のほぼすべてに共通する特徴があることが分かる。また、追いかけるときには単純にしておくことも役に立つ。この本では、分析する銘柄のファンダメンタルズの数値には触れない。歴史に残るモンスター株はすべて、上昇局面でファンダメンタルズが良かったということを指摘しておけば十分だ。株価の上昇前や直後に利益や売り上げの成長力がなかったとしても、売り上げの着実な伸びや利益の大きな成長が近いうちに株価の持続的上昇の大きな要因になると期待されていた。上昇トレンドの途中で、決算が期待外れに終われば、上昇トレンドは終わることが多い。また、本書で分析する銘柄の多くはインベスターズ・ビジネス・デイリーに掲載されているリストから選んだものなので、株価の上昇前後にファンダメンタルズ

が大きく関係している。

　多くのトップトレーダーはスクリーニングによって何百もの銘柄を選別し、ベース（保ち合い）、支持線エリア、天井を付ける前の最後の急騰などのセットアップを探す。レラティブストレングスはほかのすべての銘柄と関連しているので、銘柄の強さを測る優れた尺度であり、多くの成功したトレーダーが好んで使っている。私はインベスターズ・ビジネス・デイリーをスクリーニングのツールとして使っている。インベスターズ・ビジネス・デイリーは高度な基準で銘柄を毎週、選別して数種類のリストを作り、それをプライスアクションに合わせて毎日更新しているからだ。インベスターズ・ビジネス・デイリーは銘柄のファンダメンタルズとレラティブストレングスについて厳しい基準を設けているので、そこでリストアップされる銘柄は現在、あるいは予想売上高や利益の点から見ても、値動きの点から見ても先導株と考えてよい。

　2007年に出版された私の著書『モンスターストック（Monster Stocks)』についてリサーチをし、実際にトレードもしていたとき、単純で重要な基準は長年にわたって通用し、相場サイクルが異なっても通用することに気づいた。これは驚くべきことではない。人間の本性が相場を動かす主な要因である以上、それらは歴史を通じてあまり変化しないからだ。私が発見した、すべてに共通する重要なテクニカルの基準は移動平均線（SMA）、出来高、プライスアクションだった。この3つすべてがプラスに働いている銘柄を、私はMVP（Moving Average, Volume, Price）株と呼んでいる。スポーツやビジネスで、MVP（最優秀な人）のパフォーマンスは並外れている。株式市場でもそれは同じだ。MVP株はモンスター株になりやすい。そして、モンスター株は相場のどの上昇トレンドでも、

一番の花形株だ。

移動平均線

　大成功を収めたある伝説のトレーダーが、「200日移動平均線よりも下で良いことは起きない」と語ったことがある。このエリアは将来の先導株の多くが大きく調整したあとに底打ちする水準として使われており、長期の平均ともみなされている。将来の成長株の多くはそこが支持線となり、底固めの段階に入る。しかし、モンスター株にまでなる銘柄はすでにそこから上放れている。上昇するにつれて底値圏でより堅調なパターンを形成しながら、50日移動平均線エリアを超える。この水準は中期の移動平均線とみなされている。個人トレーダーだけでなく、ウィリアム・J・オニールや多くの機関投資家はこの水準を株価の全体的な強弱を測る指標として使ってきた。50日移動平均線が上向きならば、株価が上昇トレンドであることを示している。21日移動平均線（基本的に1カ月の取引）はより短期の中期移動平均線として年々受け入れられるようになり、現在では多くのトップトレーダーが利用している。前著でも何度か言及し、モンスター株が上昇するときにこれが重要であることを説明した。もっと短期の指標は10日移動平均線で、これも多くのトップトレーダーが使っている。私は学校の成績と同じように、簡単な方法で銘柄を格付けしている。これで、銘柄を非常に簡単に分類できる。私は株価がAとBに位置する銘柄だけを保有したい。

A．10・21・50・200日移動平均線を上回る。
B．21・50・200日移動平均線を上回るが、10日移動平均線を下回る。

C．50・200日移動平均線を上回るが、10日・21日移動平均線を下回る。

D．200日平均線を上回るが、10・21・50日移動平均線を下回る。

E．上のすべての移動平均線を下回る。

　本書では、チャートに21日と50日の単純移動平均線を表示する。すでに述べたように、この段階の先導株はセットアップを形成し、そこを上にブレイクして急騰しているため、これらのチャートでは200日移動平均線エリアはすでに超えている。10日移動平均線についても時折触れるが、セットアップ、ブレイク、急騰、そして天井圏のほとんどでは、21日と50日の移動平均線エリアに焦点を当てる。たいてい、これらの短期と中期の時間枠で最も大化けするモンスター株が生まれ、それらの力強い上昇で最も大きく動く部分になる。最も強い銘柄の株価は前述のすべての移動平均線に乗り、その上を動き続ける。

出来高

　出来高は力強く上昇する株の需要を測る重要な指標だったし、今後もそれは変わらない。また、出来高とプライスアクションとの相関は、その株がどれだけ強かったのかや弱かったのか、今後どうなりそうかについての最も重要なシグナルだ。歴史上多くの優れた株式トレーダーや今日の多くのトップトレーダーは出来高の動きを重視して、観察している。さらに、出来高は１日の平均出来高で流動性を測ることができる。本書では、１日平均100万株以上取引されていた銘柄だけを分析し、取り上げている。それらは通常、機関投

資家が好む銘柄である。彼らがある銘柄を売買すれば、その足跡（出来高の水準）が残り、それを隠すのは難しい。株価が大きく動くのは、主として彼らがその銘柄を売買するからだ。個人トレーダーは、大口資金がどの銘柄に投入されているかを見つけて、それを追うべきである。

　本書のチャートでは出来高の動きと、それが値動きにどれほど重要な役割を果たしたかを指摘する。青信号（大きく上げる日に出来高が増える）であろうと、赤信号（大きく下げる日に出来高が増える）であろうと、出来高は株価のトレンドを決定する重要な要素である。あなたは先導株の値動きのトレンドと同じ側にいることを目指すべきだ。忘れないでほしいが、トレンドは味方であり、味方と戦ってはならない。

価格

　価格は常に自分の味方に付けておきたい重要な尺度だ。ファンダメンタルズ、ニュース、相場観など、その銘柄に関するあらゆることが結局は価格に反映される。トレーダーは値動きに応じてリスクを増やすにしろ減らすにしろリスクを管理して、値動きによってその銘柄を買うか、売るか、保有し続けるか、避けるかを判断する。どれほど成功するかは、リスク管理のテクニックや、市場全般の動きに基づく売買の適切なタイミングや、どの先導株をトレードするかで決まる。私たちはだれでも利益を最大化したいと思っているが、そのための1つの方法は、パフォーマンスが最も良くてモンスター株になる先導株の投資やトレードをすることである。

チャート

　本書の株式分析チャートでは、各銘柄のプライスアクションの重要な特徴を指摘する。注目した主なテクニカルシグナルはベース付近からのブレイク、出来高の特徴（増加と減少の両方）、カギとなる21日移動平均線と50日移動平均線エリアでの値動きだ。私が「線」ではなく、「線エリア」や「水準」という言葉をたびたび使っていることに注意してほしい。こうしたカギとなる水準が支持線になっても、その線に触れるとすぐに反発することはめったにない（本書ではいくつか見られるが）。大化けする株の多くも移動平均線を割り込みながら、大きく下げることなく数日間かそれ以上、横ばいすることがある。そういう期間には、株価が回復するか、あるいはそのエリアにとどまるかについて、出来高の水準が重要な手がかりを与えてくれるので、注意深く観察する必要がある。

　本書で目にするチャートのギャップアップとギャップダウンの多くは決算発表に反応した動きであり、ギャップアップでの買いは多くのトップトレーダーが用いる戦略である。多くのトレーダーが決算発表前にポジションを減らすのは、決算が期待外れに終わるリスクが高い場合や、そうした決算発表で非常にネガティブな反応やギャップダウンが生じる可能性があるからだ。予想を上回る好決算が発表されると、時間外や寄り付きでギャップアップすることが多いが、これは機関投資家が出来高を伴う強力な購買力でその銘柄に殺到するからである。

　株価が2倍になり、上昇中にモンスター株になる銘柄は通常、上昇後すぐに押す。先導株は上昇中に何度も押すが、それはトレーダーが利食いをするからである。多くのトップトレーダーは急騰して

いるうちに、先導株のポジションの一部を売る。上昇中の売り戦略や主要な支持線エリアでの買い戦略の実行については、第3章で取り上げる。

　ここで取り上げている多くの概念についてもっと詳しく知るために、『モンスターストック（Monster Stocks）』を読むことを勧める。また、本書はチャートの研究にもなるように書いた。ここでは2020〜21年に最もパフォーマンスが良かった銘柄に焦点を当てている。市場では同じパターンが繰り返されるので、最高のMVP株を研究すれば今後の相場サイクルで役に立つだろう。必ずすべてのチャートを見て、それぞれのチャートの重要なポイントを研究し、理解してほしい。チャートは相場について教えてくれる最高の案内役の1つである。歴史上、最高の株式トレーダーの多くはチャートを読む名人になった。価格と出来高の分析は歴史上ずっと重要だったし、2020年と2021年にも上昇と下落の両方でそれが証明された。主要な移動平均線エリアで株価がどう動くかも、大口投資家やトレーダーの動きを知る重要な手がかりになる。そこがその株の支持線になるのだろうか、それとも抵抗線になるのだろうか。それらは上昇トレンドにあるのだろうか、それとも下降トレンドにあるのだろうか。これらはすべて、株式相場のような不確実な環境においては重要な要素である。本書のチャートはすべて、ストックマスターというアプリによる。私は毎日このアプリを使っているが、非常に使いやすく、機能も多いので、お勧めだ。

第 **1** 章

2020年

Chapter One -- 2020

2019年第4四半期の力強い上昇トレンドは2020年に入っても続き、新たな10年は勢いよく始まった。当時の相場を牽引する銘柄にはBABA、TIGR、EH、MOMOなどの中国株があった（本書では、銘柄に触れる際にはほとんどの場合、ティッカーシンボルを使う）。ほかにもLITEやPYPLなど、相場を牽引する銘柄はいろいろあった。1月の相場はプラスだったが、月末近くになるとコロナウイルスの初期の影響が見られるようになった。

　2月第3週になると、コロナウイルスが大きな影響を及ぼし始めた。機関投資家の売りが続き、2019年第4四半期以降で初めて、新高値と新安値の銘柄数の差（H/L/G）はマイナスの値になることが多くなり、先導株が出来高を伴って重要な移動平均線（SMA）を下抜いた。日が進むにつれて、売りも膨らんだ。2月の最終週には市場の売りがさらに膨らんだ。インベスターズ・ビジネス・デイリー（IBD）は2月24日に相場見通しを「上昇トレンド中の押し圧力」に変更した（**図I.1**）。翌日も激しい売りが続いたため、インベスターズ・ビジネス・デイリーは相場見通しを再び変更して、「調整局面」とした。3月は株価指数が急落して、コロナウイルスに対する懸念が大きな影響を与えたので、パニック売りの月となった。ウィリアム・オニールがかつて述べたように、「弱気相場に襲われると、たいていはどの銘柄も売られ、最終的には先導株もすべて売りに屈する」。これは確かに本当のようだった。2020年3月は株式相場史上最悪の月として語り継がれるだろう。

　コロナウイルスに対する恐怖が広がり、医療、働き方、スポーツ、娯楽、旅行、社交など、あらゆる方面に影響が及ぶ恐れがあったため、相場はそれらすべてを反映して下落の一途をたどった。3月第3週まで4週連続で急落すると、ダウ平均はすでに年初から33％下

図1.1　2020年1〜3月のダウ平均（IBD）

げていた（**図1.1**）。

　しかし、いくつかの銘柄が大幅な下げに逆らって上げる兆候を見せ始めた。企業がオフィスを閉鎖して、在宅勤務の環境が整い始めると、新しい働き方を代表する銘柄が売り圧力をいち早く食い止めて、有望視され始めた。よって、絶対にあきらめたり、相場から目を離したりしてはならない。株価は激しい売りによる下降トレンドを周期的に繰り返すが、そんな時期でも上昇トレンドがすぐに始まる可能性はある。だから、注意を怠らないことが重要だ。そして、相場の下降トレンドの時期に最もよく持ちこたえた銘柄が、その後の上昇トレンドでモンスター株になるのが一般的である。これは相場の歴史を通じて起きてきたことで、2020年の春でも変わらなかっ

図1.2　2020年３月の週末のウオッチリスト（週足。IBD）

た。2020年３月21日の週末から数銘柄を紹介しよう（**図1.2**）。ここで注意しておきたいことがある。私がインベスターズ・ビジネス・デイリーからウオッチリストに加えた図に注がある場合、それはそのときに私のトレード日誌に書き込んでいたものだ。

　ズーム（ZM）とドキュサイン（DOCU）はリモートワークを余儀なくされた人々に役立つ銘柄として、早くから注目されていた。市場全般が４週連続で下落しているさなか、ズームはすでに上昇していた。ドキュサインは当初大きく下落したが、出来高を伴ってすぐに回復した。ガオトゥー・テックエデュ（高途集団。GSX）は市場全般が下げている時期に50日移動平均線エリアまで押したが、そこが支持線になった。

図1.3　2020年4月の週末のウオッチリスト（週足。IBD）

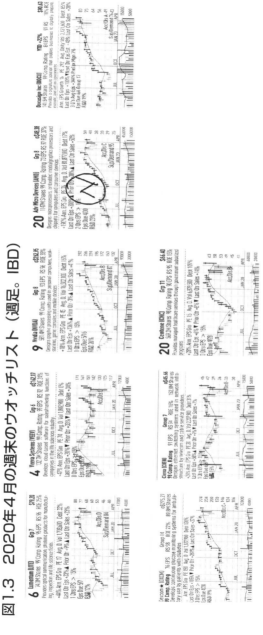

３月の最終週から下げ渋り始め、インベスターズ・ビジネス・デイリーを基にして私が計算したH/L/Gはまだマイナスではあったが、ほんの数週間前の数千から２桁前半にまで減った（**図I.3**）。歴史的に見れば、マイナス数千という値が数週間以上続くことはめったにない。それはこの指標が時に見せる予測力と多少関係がある。過去には、プラスでもマイナスでも行きすぎた値になると、相場が反転することがよくあった。2020年４月２日に、インベスターズ・ビジネス・デイリーは相場の見通しを「上昇トレンド入り」に変更した（**図I.1**）。上昇する銘柄が増え始めて、先導株になりそうないくつかの銘柄は、出来高が増えてカギとなる移動平均線が支持線になっていた。2020年４月９日に、H/L/Gは２月21日以降初めてプラスになり、33日続いたマイナスを脱した。**図1.3**は４月第２週に先導株になりそうないくつかの銘柄のリストである。

　これだけ短期間に相場が大きく下落してすぐに上昇トレンドが始まると、上昇トレンドと認められてもそれらのトレンドすべてが長く続くわけではないため、荒れる日が待ち受けている。多くの場合、相場は何度も下落に転じ、新しい上昇トレンドはすぐにダマシで終わる。市場全般の上昇トレンドがダマシになるかどうかを確かめる方法は、最初に上昇した銘柄群が反落して、上昇トレンドがすぐにダマシで終わるかどうかを見ることだ。この時期に目立った日は2020年４月15日だ。この日、主要株価指数は再び大きく下げたが、早くから有望視されていた銘柄のなかには売りに逆らったものがあった。**図1.4**はその日の例である。

　４月の第３週と第４週になると株式市場も堅調になり、この時期の上昇トレンドは崩れることなく続いた。コロナウイルスの影響を受けて、世の中は変化していた。次は市場がどのように調整し、ど

図1.4　2020年4月15日のウオッチリスト（ストックマスター）

Main Watchlist

Watchlists ▽ - By Symbol ↑

AMD	54.99	+0.06	0.11%
DOCU	100.53	+2.10	2.13%
JD	44.60	+0.74	1.69%
NFLX	426.75	+13.20	3.19%
VEEV	174.68	+1.09	0.63%
ZS	69.96	+3.48	5.23%
DOW J	23504.30	-445.50	-1.86%
S&P 500	2783.36	-62.70	-2.20%
NASDAQ	8393.18	-122.56	-1.44%

ういう銘柄が大口投資家から注目されていたかについて、インベスターズ・ビジネス・デイリーを基にまとめたものである。

　図I.1を見ると、4月から8月まで力強い上昇トレンドが形成されていることが分かる。この上昇トレンドで新たな先導株の大半が現れ、その多くがこの短期間にモンスター株になった。以降のチャートでは上昇トレンドを牽引した流動性の高い銘柄の多くを取り上げる。各チャートでは典型的な上へのブレイク、重要な支持線エリアまでの押し、出来高に現れた兆候、ギャップアップ、21日と50日という重要な移動平均線かそのエリアでの値動きを指摘する。みんながコロナウイルスに対応し、適応しようとしていたので、経済環境に変化が生じて、生活スタイルや企業にとって新たな機会が生ま

図1.5　2020年4月の市場についてのコメント（IBD）

これらの企業はすべて、コロナウイルス下の株式相場で上昇を牽引する8つの強いセクターに属する。

- クラウドコンピューター――アマゾン（AMZN）、マイクロソフト（MSFT）
- データセンター向け半導体――アドバンスト・マイクロ・デバイス（AMD）、エヌビディア（NVDA）、インファイ（IPHI）
- サイバーセキュリティー――クオリス（QLYS）、ゼットスケーラー（ZS）、オクタ（OKTA）
- 在宅勤務を支援する企業――ズーム（ZM）、ドキュサイン（DOCU）、アトラシアン（TEAM）、リングセントラル（RNG）、スラック（WORK）、マイクロソフト
- 家で過ごす――ネットフリックス（NFLX）、アクティビジョン（ATVI）、ネットイーズ（NTES）、おそらくドミノピザ（DPZ）
- Eコマース――アマゾン、シー（SE）、ZTOエクスプレス（ZTO）、JDドット・コム（JD）
- 医療機器・医療システム――デクスコム（DXCM）、リボンゴ・ヘルス（LVGO）、マシモ（MASI）、テラドック（TDOC）、アボット・ラボラトリーズ（ABT）
- 中国企業――JDドット・コム、ZTOエクスプレス、ネットイーズ（NTES）

れた。いち早く上昇した銘柄には、在宅勤務という新しい環境の恩恵を受ける企業があった。すでに触れた企業では、ズーム（ZM）とドキュサイン（DOCU）がある。どちらの銘柄も当時、インベスターズ・ビジネス・デイリーの週足チャートリストに掲載されており、堅調で途中に何回かかなりの利益を得る機会があった。

　また、在宅勤務セクターの恩恵を受けた初期の先導株にはペロトン・インタラクティブ（PTON）やエッツィー（ETSY）などがあった。4月上旬に反応が良かったセクターはデータセキュリティーやEコマース（電子商取引）テクノロジーの企業などだった。データセキュリティー業界の先導株はクラウドフレア（NET）、クラウ

ドストライク・ホールディングス（CRWD）などだ。中国のＥコ
マース銘柄の一部も引き続き相場を牽引していた。そのうちの数銘
柄は2019年の後半から2020年初期の数カ月、先導株だった。それら
のうちで、再び上昇して新たな上昇トレンドを形成したものにはピ
ンドゥオドゥオ（PDD）やJDドット・コム（JD）などがあった。
上昇トレンドがさらに続き、上げ止まる兆しがほどんど見えないた
め、機関投資家は３月に大量に売却後、より多くの資金を投入した。
そのため、さらに多くの銘柄が上昇した。

図1.6 ズームの2020年の日足チャート（ストックマスター）

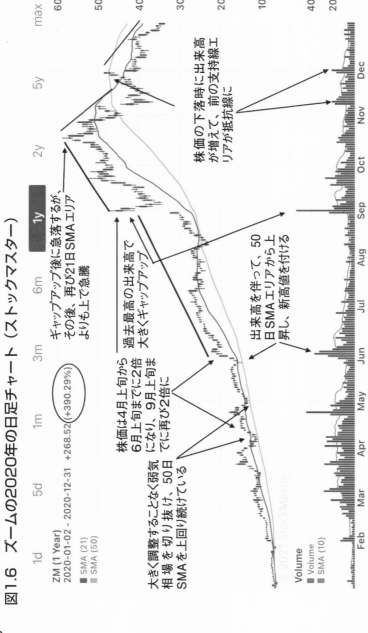

1d 5d 1m 3m 6m **1y** 2y 5y max

ZM (1 Year)
2020-01-02 - 2020-12-31 +268.52（+390.29%）

■ SMA (21)
■ SMA (50)

Volume
■ Volume
■ SMA (10)

© 2021 StockMaster

大きく調整することなく弱気
相場を切り抜け、50日
SMAを上回り続けている

株価は4月上旬から
6月上旬までに2倍
になり、9月上旬ま
でに再び2倍に

過去最高の出来高で
大きくギャップアップ

出来高を伴って、50
日SMAエリアから上
昇し、新高値を付ける

ギャップアップ後に急落するが、
その後、再び21日SMAエリア
よりも上で急騰

株価の下落時に出来高
が増えて、前の支持線エ
リアが抵抗線に

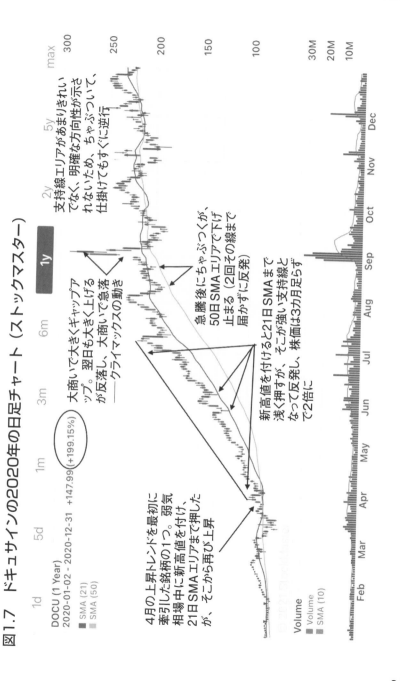

図1.7 ドキュサインの2020年の日足チャート（ストックマスター）

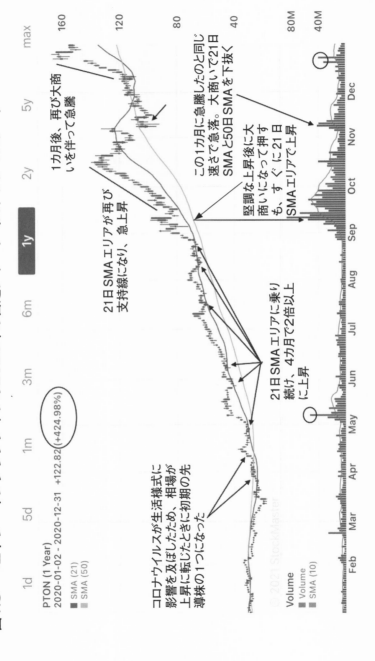

図1.8 ペロトン・インタラクティブの2020年の日足チャート（ストックマスター）

図1.9 エッツィーの2020年の日足チャート（ストックマスター）

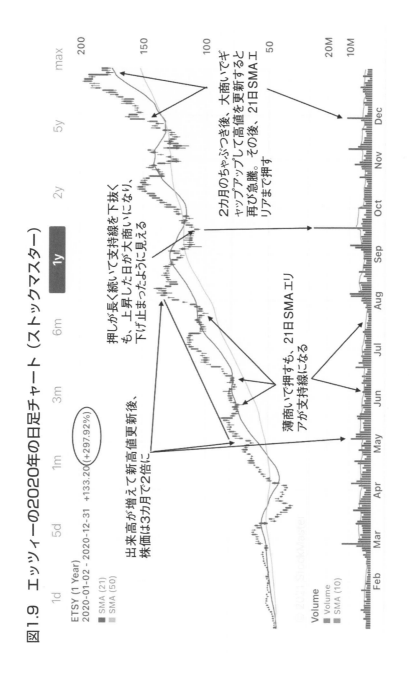

ETSY (1 Year)
2020-01-02 - 2020-12-31 +133.20(+297.92%)

■ SMA (21)
■ SMA (50)

押しが長く続いて支持線を下抜くも、上昇した日が大商いになり、下げ止まったように見える

出来高が増えて新高値更新後、株価は3カ月で2倍に

2カ月のちゃぶつき後、大商いでギャップアップして高値を更新すると再び急騰。その後、21日SMAエリアまで押す

薄商いで押すも、21日SMAエリアが支持線になる

Volume
■ Volume
■ SMA (10)

図1.10 クラウドフレアの2020年の日足チャート（ストックマスター）

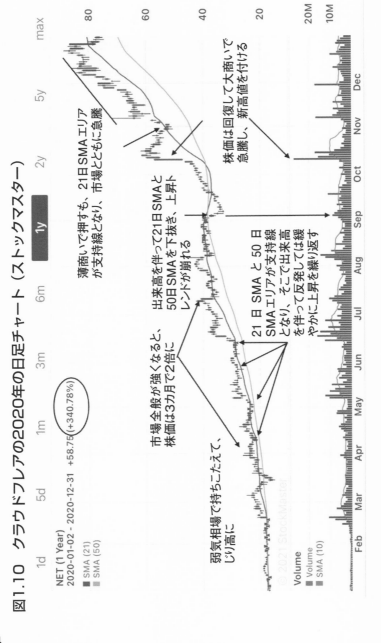

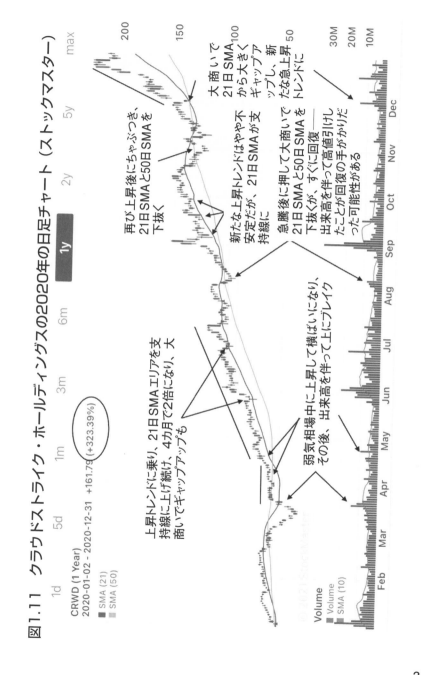

図1.11 クラウドストライク・ホールディングスの2020年の日足チャート（ストックマスター）

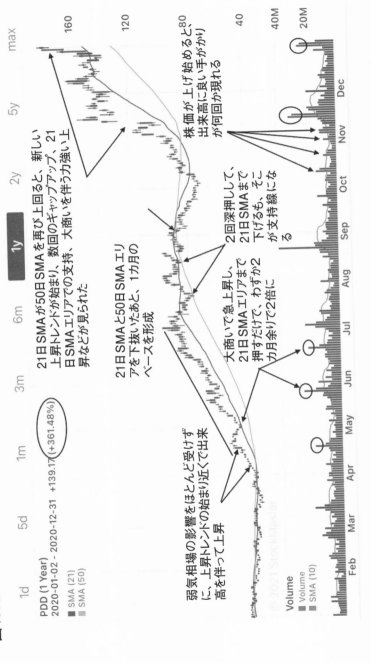

図1.12 ピンドゥオドゥオの2020年の日足チャート（ストックマスター）

図1.13 JDドット・コムの2020年の日足チャート（ストックマスター）

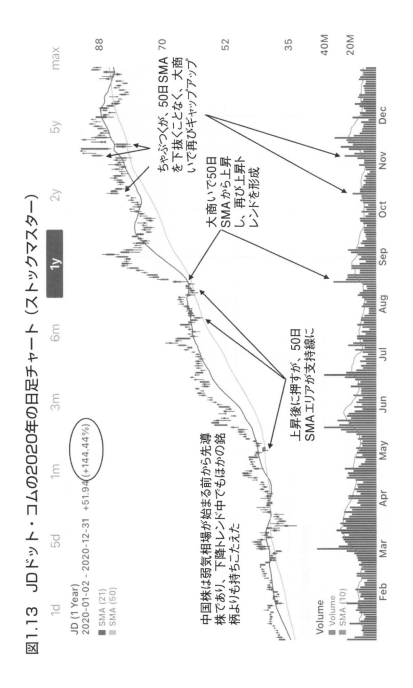

これらのチャートは、上昇トレンドが始まって勢いを増すときに、初期の先導株がどのように動き始めるかを示している。4月にはいくつかの銘柄が少し押したが、カギとなる水準が支持線になり、再び上昇し始めた。4月末には、もっと多くの銘柄が上昇するか、底固めのパターンを形成していた。上昇トレンドに多くの投資家が引き付けられるにつれて、買い圧力が強くなった。多くの場合、最初に上げた銘柄が最も大きく上げて真の先導株になり、モンスター株となる。チャートを見ると、ほとんどの銘柄が1年で100%以上の上昇をしていることや、年末よりも前に天井圏のシグナルが点灯した銘柄も少数あることが分かる。月日がたつにつれて、さらに多くの銘柄が上昇する一方、先導株の地位から脱落する銘柄も現れる。しかし、こうしたことは上昇トレンド中に必ず起きる。そんな時期に何が起きていたかを示すために、この年のウオッチリストをいくつか示す。そうすれば、そんな時期にどんな銘柄にセットアップが形成されていたかが分かるだろう。

　図1.14は4月下旬のウオッチリストで、テクニカル分析での良い特徴を指摘する注釈をいくつか付けている。

　このリストには、着実に上昇した先導株のリボンゴ・ヘルス（LVGO）が含まれていた。株価は上昇を続け、2020年8月初め近くに買収されることが発表された。株価は4カ月で400%を超える驚異的な上昇をしており、株価は140ドル以上まで高騰していた（図1.16）。数人のトップトレーダーがこの株でいかに巨額の利益を上げたかがよく分かる。また、このリストにも相場を牽引していたズーム（ZM）とドキュサイン（DOCU）が含まれている。

図1.14 2020年4月26日の週末のウォッチリスト（週足。IBD）

5月はさらに多くの銘柄が活況を呈し、出来高を伴ってカギとなる支持線エリアから上にブレイクするかギャップアップし、先導株になった。データドッグ（DDOG）、ショッピファイ（SHOP）、トゥイリオ（TWLO）、ペイパル（PYPL）、ファストリー（FSLY）、ドラフトキングス（DKNG）、フートゥー・ホールディングス（FUTU）は強い動きをして、年内にモンスター級になった銘柄の一部だ。短期間で2倍になった銘柄もある。それらの銘柄にはクラウドベースの商取引やテクノロジー、デジタル決済、オンラインのスポーツショーなど、さまざまなテクノロジーと成長セクターから成っていた。中国株の人気銘柄もあった。

　図1.15は2020年5月15日の週足チャートのウオッチリストだ。先ほど触れた銘柄の一部が上昇を始めた直後の様子が分かる。ほかにも多くの銘柄が堅調だった。トップトレーダーはこれらの銘柄の多くをこの時点で保有しており、この上昇トレンドが深押しすることなく続いているため、確信を強めて見ていた。ウオッチリストは週足チャート（電子版インベスターズ・ビジネス・デイリーから）、大きなチャートは日足チャート（ストックマスターのアプリから）であることに注意してほしい。ウィリアム・J・オニールやほかの多くの伝説的なトレーダーは、分析やリサーチを週足チャートから始めている。彼らはみんな、週足チャートは大局をよく示してくれると述べている。週足チャートで何かが形成されていると気づいたら、次に日足チャートを確認した。彼らは日足チャートを売買のタイミングを詳しく調べるためにより多く使った。両方のチャートを使う必要があるが、週足はまず何に注目すべきかを示し、日足はもう少し掘り下げるために使う。現在のトップトレーダーの多くも同じ戦略を用いている。どちらか一方が優れているわけではなく、併

図1.15　2020年5月15日の週末のウォッチリスト（週足。IBD）

用すべきだ。

　夏も市場全般の上昇トレンドが続き、主要株価指数はわずかに下げただけだった。すでに取り上げた先導株の多くは上昇し続けた。一部の銘柄は急騰後に反落した。それらのなかには新たなベースを形成するものもあれば、重要な水準が支持線となって、すぐに反発して上昇し続けた。また、新たに上昇し始めた銘柄も数多く現れた。

図1.16 リボンゴ・ヘルスの2020年の日足チャート（ストックマスター）

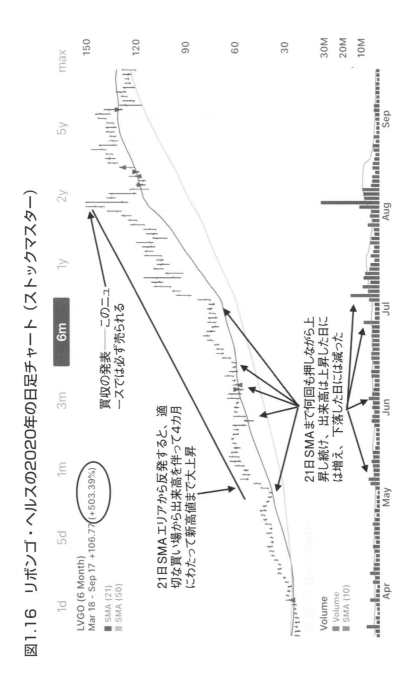

LVGO (6 Month)
Mar 18 - Sep 17 +106.77(+503.39%)

SMA (21)
SMA (50)

21日SMAエリアから反発すると、適切な買い場から出来高を伴って4カ月にわたって新高値まで大上昇

買収の発表——このニュースでは必ず売られる

21日SMAまで何回も押しながら上昇し続け、出来高は上昇した日には増え、下落した日には減った

Volume
Volume
SMA (10)

図1.17 データドッグの2020年の日足チャート（ストックマスター）

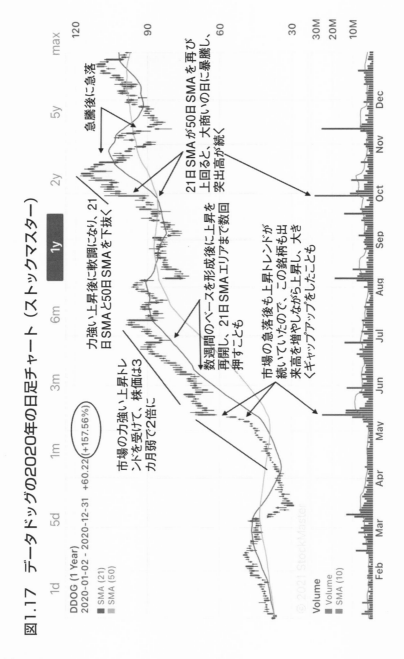

急騰後に急落

21日SMAが50日SMAを再び
上回ると、大商いの日に暴騰し、
突出高が続く

力強い上昇後に軟調になり、21
日SMAと50日SMAを下抜く

数週間のベースを形成後に上昇を
再開し、21日SMAエリアまで数回
押すことも

市場の急落後も上昇トレンドが
続いていたので、この銘柄も出
来高を増やしながら上昇し、大き
くギャップアップをしたことも

市場の力強い上昇トレ
ンドを受けて、株価は3
カ月弱で2倍に

DDOG (1 Year)
2020-01-02 - 2020-12-31   +60.22 (+157.56%)

SMA (21)
SMA (50)

Volume
Volume
SMA (10)

© 2021 StockMaster

図1.18 ショッピファイの2020年の日足チャート（ストックマスター）

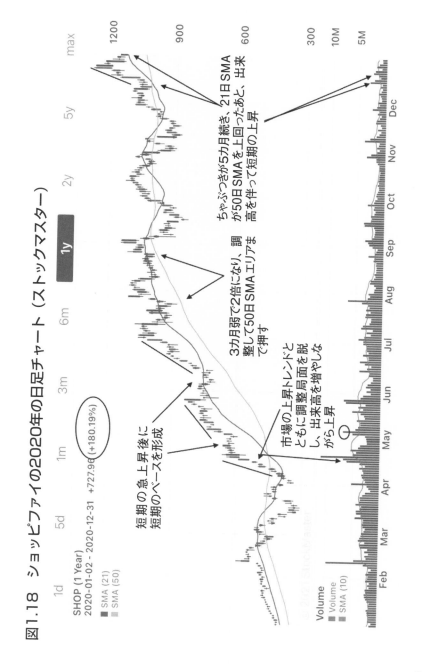

SHOP (1 Year)
2020-01-02 - 2020-12-31 +727.96 (+180.19%)

■ SMA (21)
■ SMA (50)

短期の急上昇後に
短期のベースを形成

3カ月弱で2倍になり、調
整して50日SMAエリアま
で押す

市場の上昇トレンドと
ともに調整局面を脱
し、出来高を増やしな
がら上昇

ちゃぶつきが5カ月続き、21日SMA
が50日SMAを上回ったあと、出来
高を伴って短期の上昇

Volume
■ Volume
■ SMA (10)

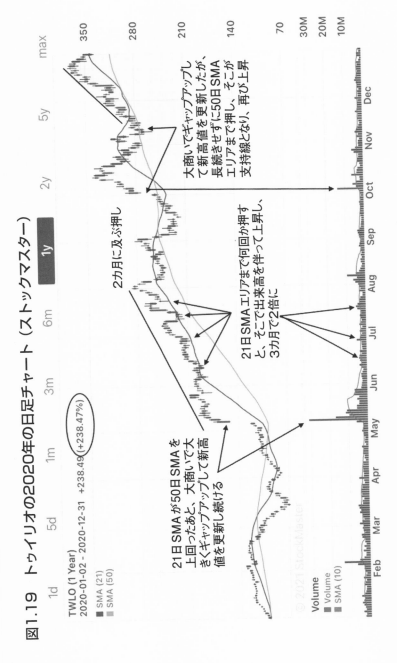

図1.19 トゥイリオの2020年の日足チャート（ストックマスター）

TWLO (1 Year)
2020-01-02 - 2020-12-31 +238.49 (+238.47%)

1d 5d 1m 3m 6m 1y 2y 5y max

■ SMA (21)
■ SMA (50)

350

280

210

140

70

30M
20M
10M

© 2021 StockMaster

Volume
■ Volume
■ SMA (10)

Feb Mar Apr May Jun Jul Aug Sep Oct Nov Dec

21日SMAが50日SMAを
上回ったあと、大商いで大
きくギャップアップして新高
値を更新し続ける

2カ月に及ぶ押し

21日SMAエリアまで何回か押す
と、そこで出来高を伴って上昇し、
3カ月で2倍に

大商いでギャップアップし
て新高値を更新したが、
長続きせずに50日SMA
エリアまで押し、そこが
支持線となり、再び上昇

図1.20　ペイパルの2020年の日足チャート（ストックマスター）

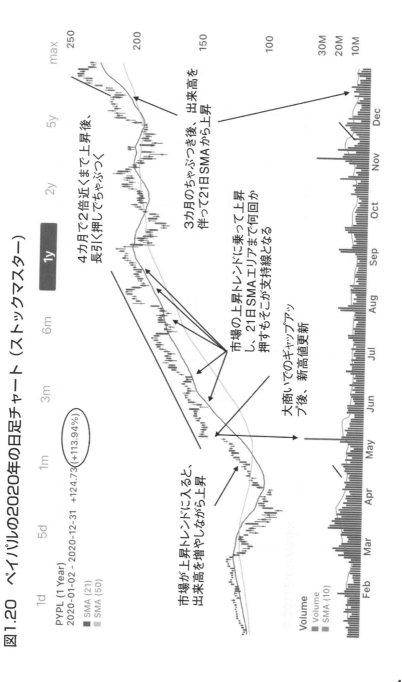

図1.21　ファストリーの2020年の日足チャート（ストックマスター）

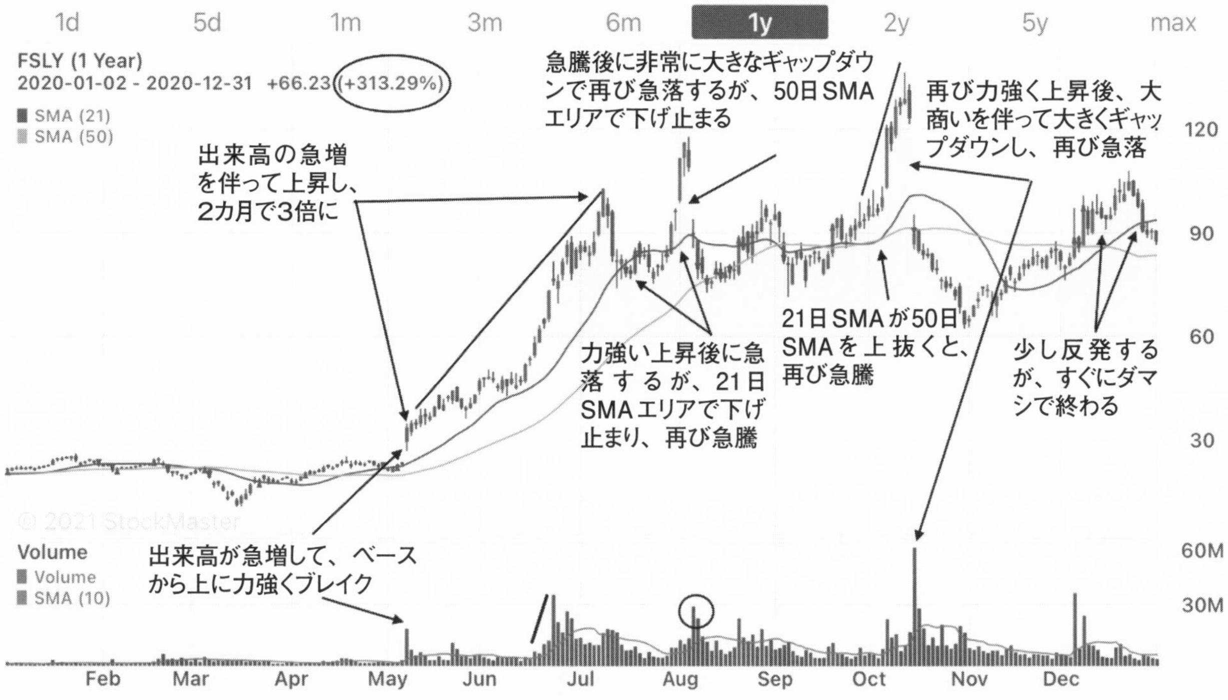

図1.22 ドラフトキングスの2020年の日足チャート（ストックマスター）

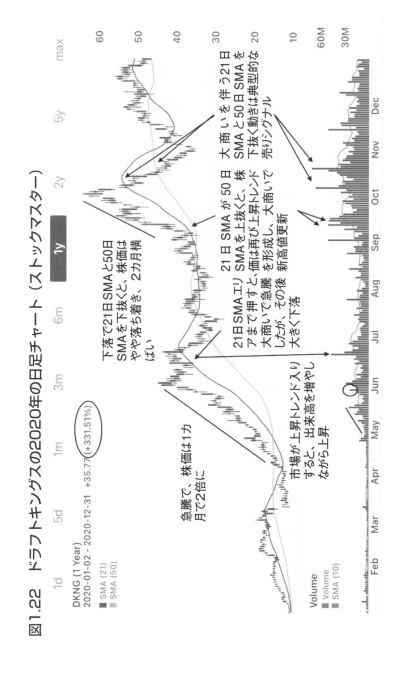

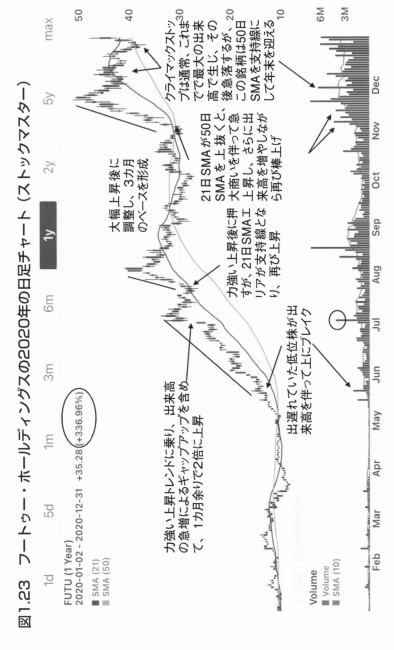

図1.23　フートゥー・ホールディングスの2020年の日足チャート（ストックマスター）

力強い上昇トレンドに乗り、出来高の急増によるギャップアップを含めて、1カ月余りで2倍に上昇

大幅上昇後に調整し、3カ月のベースを形成

出遅れていた低位株が出来高を伴って上にブレイク

力強い上昇後に押すが、21日SMAエリアが支持線となり、再び上昇

21日SMAが50日SMAを上抜いて急上昇し、さらに出来高を増やしながら再び棒上げ

大商いを伴って急上昇し、さらに出来高を増やしながら再び棒上げ

クライマックストップは通常、これまでで最大の出来高を生じ、その後急落するが、この銘柄は50日SMAを支持線として年末を迎える

　実際、月日がたつにつれて、より多くの先導株が現れているように見えた。これは非常に力強い上昇トレンドの兆候だ。また、異なるセクターからさまざまな銘柄が人気化していることも強いシグナルになる。もう1つの強さの表れは、H/L/Gが連続してプラスを記録していることだ。4月9日にH/L/Gがプラスに転じて（上昇トレンドが始まり）、2月24日から33日連続のマイナスから脱すると、9月4日までの103日のうちでこの値がマイナスになったのはわずか4日だけだった。しかも、その4日のマイナス幅も小さく（最大で−170）、すぐにプラスに転じている。

　この夏に上昇して新たに人気化した銘柄には、ロク（ROKU）、スクエア（SQ）、Zスケーラー（ZS）、ファーフェッチ（FTCH）、ニーオ（NIO）、テスラ（TSLA）、グロージェネレーション（GRWG）、セールポイント・テクノロジーズ・ホールディングス（SAIL）、デジタルタービン（APPS）、ピンタレスト（PINS）、ファイバー・インターナショナル（FVRR）などがある。ファイバー・インターナショナル（FVRR）は、実は春に初期の先導株になっていたのだが、本格的に上昇し始めたのは夏になってからだった。上昇して人気化した銘柄数が増えていることや、それらがEコマース、ソフトウェア、デジタル決済などの以前からの有力セクターと、EV自動車（ここで取り上げた2銘柄はこの年最高の上昇を記録した）、マリファナ栽培業者などの新規セクターの代表的な銘柄であることがよく分かる。多くのトレーダーがEV自動車業界のテスラ（TSLA）とニーオ（NIO）で巨額の利益を得た。テスラ（TSLA）は人気があり、トレードの機会が何回もあった。そして、トップトレーダーの何人かはこの年にテスラ株で巨額の利益を得た。市場全般の上昇は力強く、勢いを増していた。モンスター株に化けそうな銘柄をトレード

する人々が待ち望み、利用するのはこの絶好の機会だった。

図1.24 ロクの2020年の日足チャート（ストックマスター）

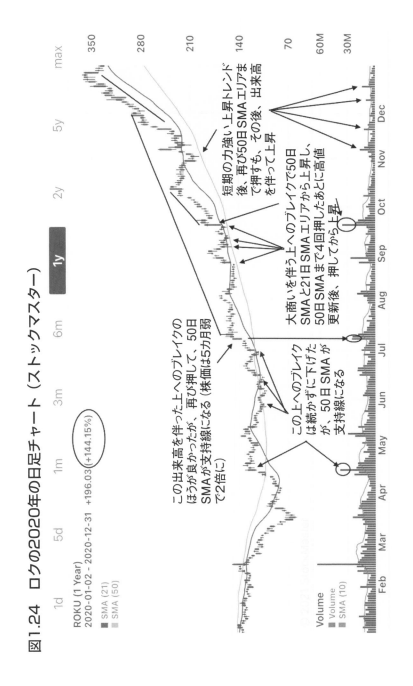

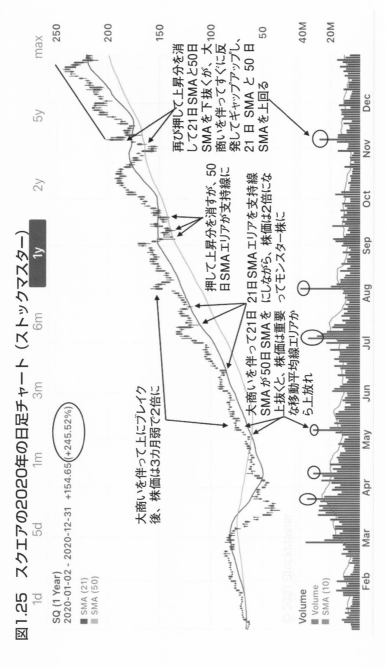

図1.25 スクエアの2020年の日足チャート（ストックマスター）

© 2021 StockMaster

54

図1.26 ズスケーラーの2020年の日足チャート（ストックマスター）

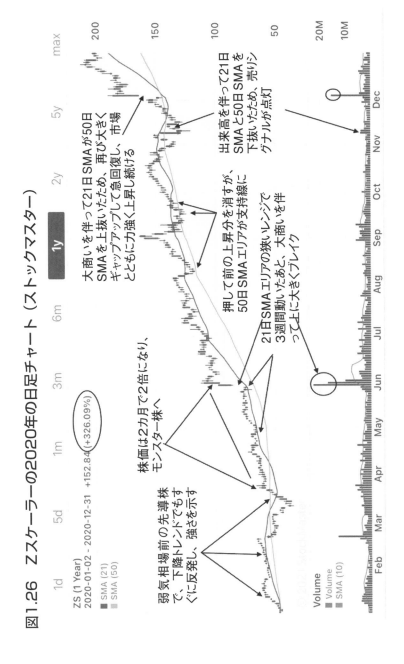

弱気相場前の先導株で、下降トレンドでもすぐに反発し、強さを示す

株価は2カ月で2倍になり、モンスター株へ

押して前の上昇分を消すが、50日SMAエリアが支持線に

21日SMAエリアの狭いレンジで3週間動いたあと、大商いを伴って上に大きくブレイク

大商いを伴って21日SMAが50日SMAを上抜いたため、再び大きくギャップアップして急回復し、市場とともに力強く上昇し続ける

出来高を伴って21日SMAと50日SMAを下抜いたため、売りシグナルが点灯

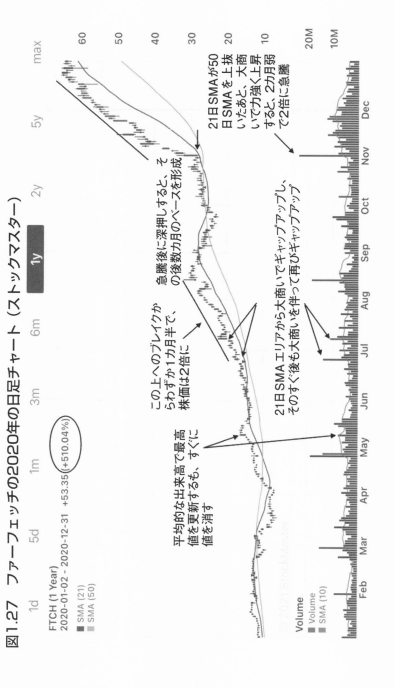

図1.27　ファーフェッチの2020年の日足チャート（ストックマスター）

| 1d | 5d | 1m | 3m | 6m | 1y | 2y | 5y | max |

FTCH (1 Year)
2020-01-02 - 2020-12-31　+53.35（+510.04%）

■ SMA (21)
■ SMA (50)

21日SMAが50
日SMAを上抜
いたあと、大商
いで力強く上昇
すると、2カ月弱
で2倍に急騰

急騰後に深押しすると、そ
の後数カ月のベースを形成

この上へのブレイクが
らわずか1カ月半で、
株価は2倍に

平均的な出来高で最高
値を更新するも、すぐに
値を消す

21日SMAエリアから大商いでギャップアップし、
そのすぐ後も大商いを伴って再びギャップアップ

Volume
■ Volume
■ SMA (10)

| Feb | Mar | Apr | May | Jun | Jul | Aug | Sep | Oct | Nov | Dec |

図1.28 ニーオの2020年の日足チャート（ストックマスター）

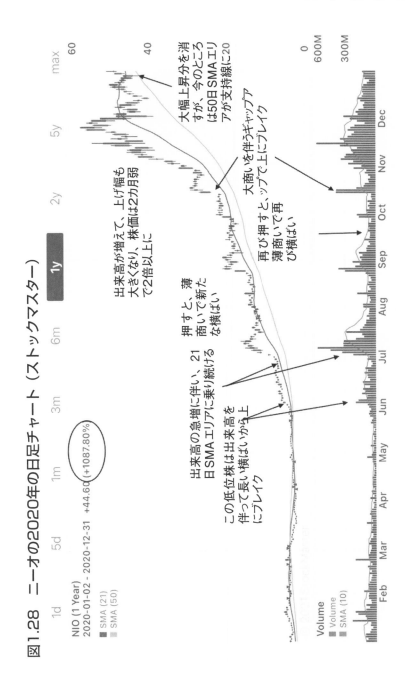

図1.29 テスラの2020年の日足チャート（ストックマスター）

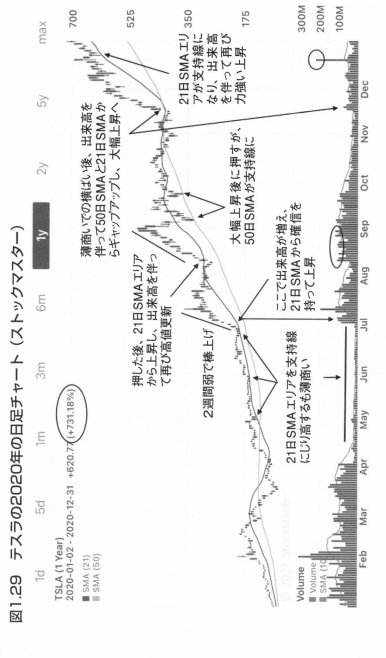

58

図1.30　グロージェネレーションの2020年の日足チャート（ストックマスター）

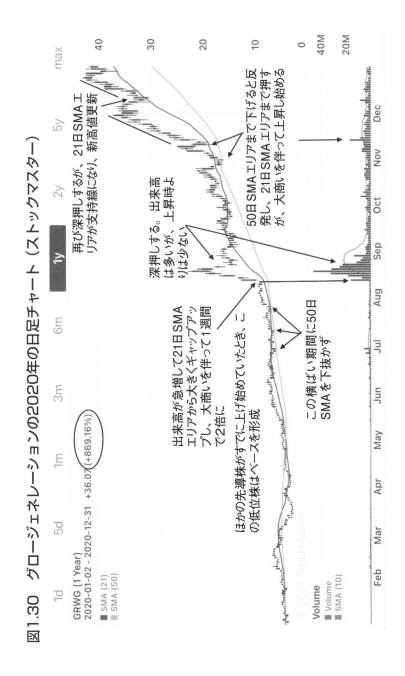

図1.31 セールポイント・テクノロジーズ・ホールディングスの2020年の日足チャート（ストックマスター）

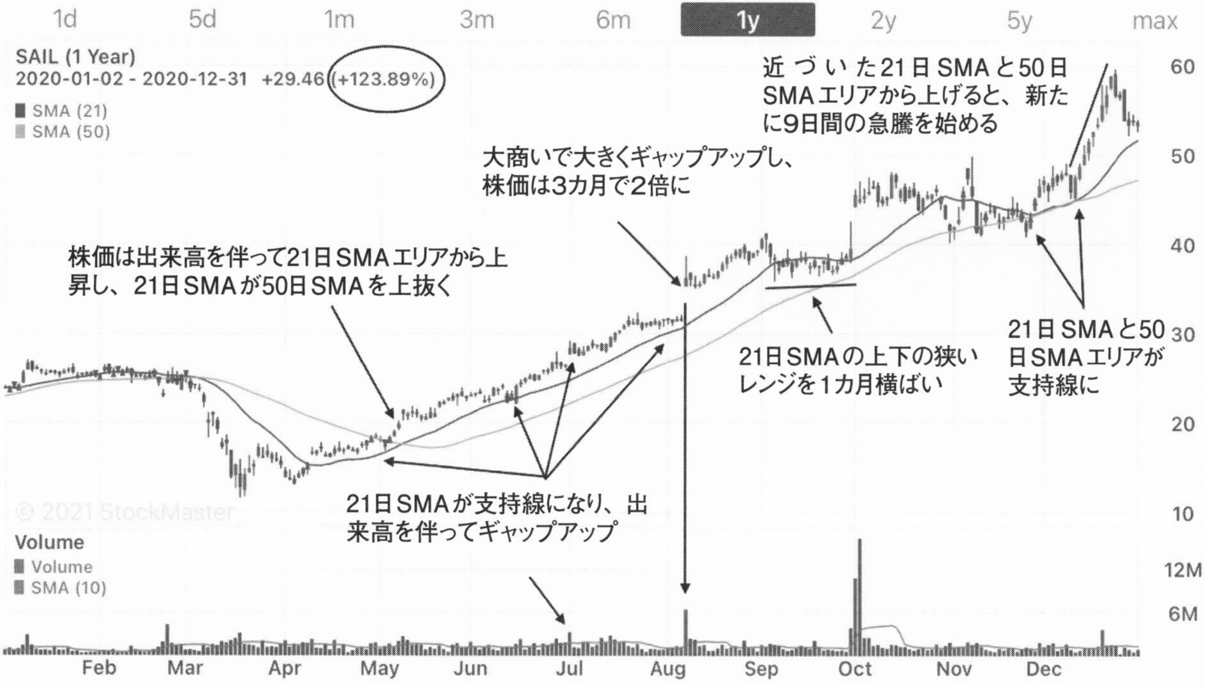

SAIL (1 Year)
2020-01-02 - 2020-12-31 +29.46 (+123.89%)

■ SMA (21)
■ SMA (50)

| 1d | 5d | 1m | 3m | 6m | 1y | 2y | 5y | max |

近づいた21日SMAと50日SMAエリアから上げると、新たに9日間の急騰を始める

21日SMAと50日SMAエリアが支持線に

21日SMAの上下の狭いレンジを1カ月横ばい

大商いで大きくギャップアップし、株価は3カ月で2倍に

株価は出来高を伴って21日SMAエリアから上昇し、21日SMAが50日SMAを上抜く

21日SMAが支持線になり、出来高を伴ってギャップアップ

© 2021 StockMaster

Volume
■ Volume
■ SMA (10)

| Feb | Mar | Apr | May | Jun | Jul | Aug | Sep | Oct | Nov | Dec |

60
50
40
30
20
10
12M
6M

図1.32　デジタルタービンの2020年の日足チャート（ストックマスター）

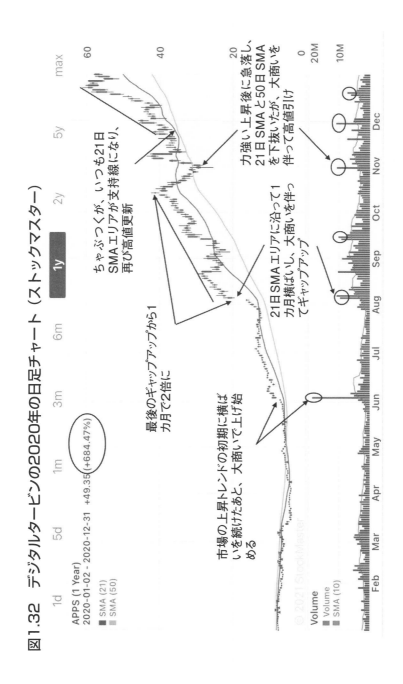

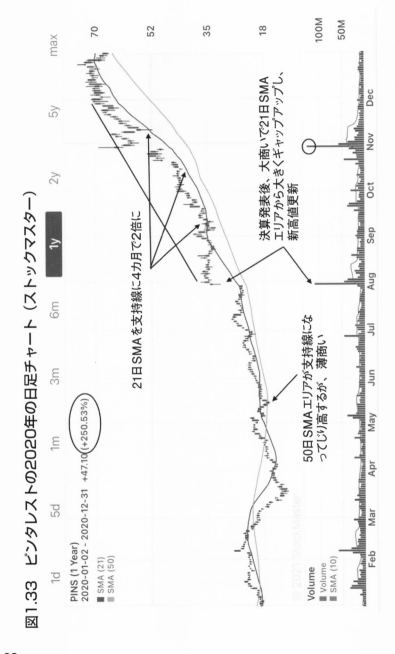

図1.33 ピンタレストの2020年の日足チャート（ストックマスター）

21日SMAを支持線に4カ月で2倍に

決算発表後、大商いで21日SMA
エリアから大きくギャップアップし、
新高値更新

50日SMAエリアが支持線にな
ってじり高するが、薄商い

© 2021 StockMaster

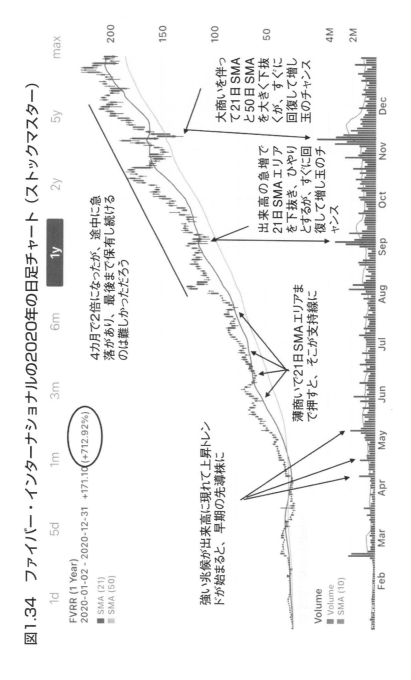

図1.34 ファイバー・インターナショナルの2020年の日足チャート（ストックマスター）

図1.35　2020年8月28日の週末のウォッチリスト（週足。IBD）

　8月末近くになっても株式市場の上昇は力強く、**図1.35**の8月28日付けウオッチリストで分かるように、多くの先導株がまだ堅調であるだけでなく、新たに人気化している銘柄もあった。しかし、9月4日にH/L/Gがわずかだがマイナス（－43）になり、連続プラスは78日で終わった。翌日もマイナスだった。9月8日にインベスターズ・ビジネス・デイリーは株式市場の見通しを「上昇トレンド中の押し圧力」に引き下げた。これは4月3日に「上昇トレンド入り」に引き上げて以来の変更である。その後、数週間の下げはほとんど小さかったが、9月23日にインベスターズ・ビジネス・デイリーは市場見通しを再び「調整局面」に引き下げた。これは2020年で2回目の引き下げである。9月21日の週は4月上旬以来初めて、H/L/Gが少なくとも5日連続でマイナスとなった。しかし、市場はその直後に回復し、9月30日にはインベスターズ・ビジネス・デイリーが市場見通しを「上昇トレンド入り」に引き上げた。ほとんどの先導株は9月中、通常の押しにとどまった。

　10月はほとんどの点で堅調な月だった。秋が始まる前に非常に力強く上昇した先導株の一部は押し始めた。これは、何カ月も堅調に上昇を続けたあとでは珍しいことではない。10月の最終週には、前月と同様に再びH/L/Gが5日連続でマイナスになった。インベスターズ・ビジネス・デイリーは10月26日に市場見通しを「上昇トレンド中の押し圧力」に変更したが、その直後の10月30日に再び「調整相場」に引き下げた。しかし、前月と同様、市場はすぐに回復し、数日連続でギャップアップした。11月4日にインベスターズ・ビジネス・デイリーは「上昇トレンド入り」に改めた。この数カ月に、さらに数銘柄が本格的に上昇し始め、前に取り上げた多くの先導株も支持線エリアから反発して、年末まで好調だった。当時、ほかに

強かった銘柄には、SNSのカメラと動画会社のスナップ（SNAP）とクラウドベースの広告サービス会社のザ・トレード・デスク（TTD）がある。この２銘柄は2020年に株価が３倍になった。

図1.36 スナップの2020年の日足チャート（ストックマスター）

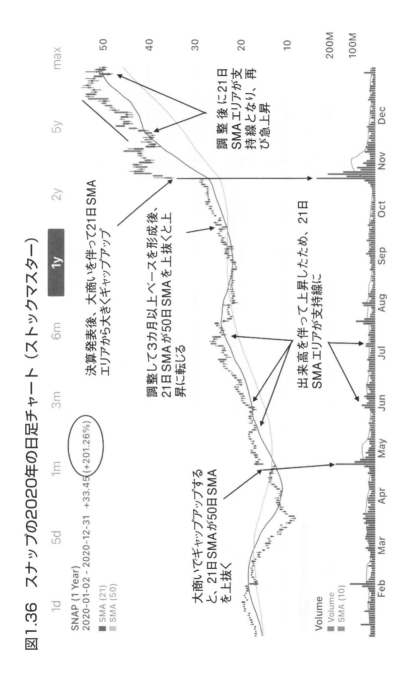

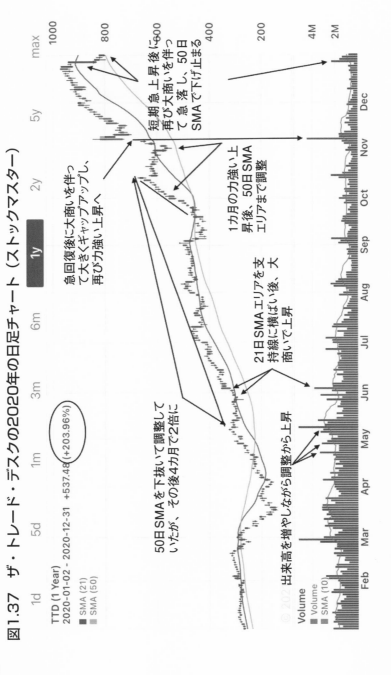

図1.37 ザ・トレード・デスクの2020年の日足チャート（ストックマスター）

TTD (1 Year)
2020-01-02 - 2020-12-31 +537.48 (+203.96%)

SMA (21)
SMA (50)

1d 5d 1m 3m 6m 1y 2y 5y max

急回復後に大商いを伴って大きくギャップアップし、再び力強い上昇へ

短期急上昇後に再び大商いを伴って急落し、50日SMAで下げ止まる

1カ月の力強い上昇後、50日SMAエリアまで調整

21日SMAエリアを支持線に横ばい後、大商いで上昇

50日SMAを下抜いて調整していたが、その後4カ月で2倍に

出来高を増やしながら調整から上昇

© 202

Volume
Volume
SMA (10)

Feb Mar Apr May Jun Jul Aug Sep Oct Nov Dec

　図1.38と図1.39は週末のウオッチリストで、最初が10月23日、次が11月27日のものだ。高値を更新している銘柄もあれば、押し始めている銘柄もある。また、新しくリストに登場した銘柄もあり、循環物色の状況だと分かる。リストですべてが分かるわけではないが、先導株の週足チャートを追跡すれば、それらの価格と出来高の動きから手がかりが頻繁に得られるので、役に立つ。支持線はトレンドの継続やベースなどとみなすことができる。相場を定期的に調べていれば、最新情報に通じていられるので、機会が訪れたときに投資ができる。

　11月と12月の株式市場は堅調で、主要3指数は最高値かそれに近い水準で年を終えた。そして、H/L/Gはこの2カ月の全取引日でプラスとなり、42日連続プラスで年を終えた。2020年にダウ平均は6.9％上昇し、S&P500は15.8％上昇した。ナスダックは最も上昇した指数で、42.6％も上昇した。成長株トレーダーにとって、4月上旬からこの年の大半を通してまさに絶好のチャンスだった。しかし株価指数が上昇を続けるなか、この章で取り上げた先導株のいくつかは12月に調整していた。これが来年の予兆だったのかどうか、あとで見ていく。

　短期の弱気相場による惨劇が第1四半期後に終わると、2020年は成長株トレーダーにとって非常に好調な年となった。市場で起きていることから目を離さないでおけば、報われる。歴史的に見ても、ほとんどの人が予想だにしないときに相場が転換したことが何回もあった。また、相場の急落後で悪いニュースがまだ続いているときに、上昇トレンドが始まることも少なくない。2020年の春、ニュースはほぼコロナウイルス一色になり、見通しは暗かった。歴史を振り返ると、相場が大きく下落したあとに反発し、新たな上昇トレン

ドが始まり、それが続くときに絶好のトレード機会が訪れる。短期の弱気相場で資金を守り、早くから上昇を始めてモンスター株になった銘柄の多くに投資をしたトレーダーは大成功をした。大きく動いた銘柄のほとんどはナスダック上場銘柄だったが、大きく上げたセクターもいくつかあった。この章では、株価が2倍以上になったモンスター株を29銘柄取り上げた。そのうち3倍以上になったものが22銘柄ある。1年間でこれだけの数はかなり多い。これらすべてを捉えられるトレーダーはいない。だが、大化けする銘柄を1年にほんの数回捉えて適切に扱い、負けトレードの損切りを早くできれば、充実した1年になる。

図1.38 2020年10月23日の週末のウォッチリスト（週足と日足。IBD）

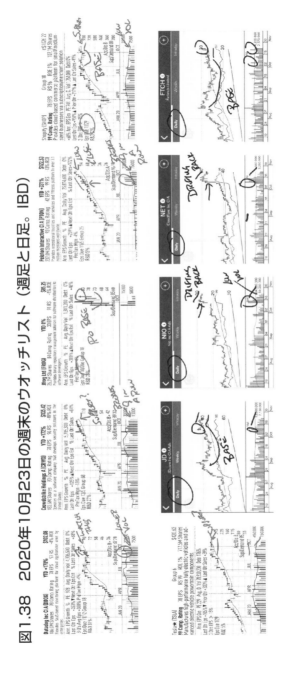

図1.39　2020年11月27日の週末のウオッチリスト（週足と日足。IBD）

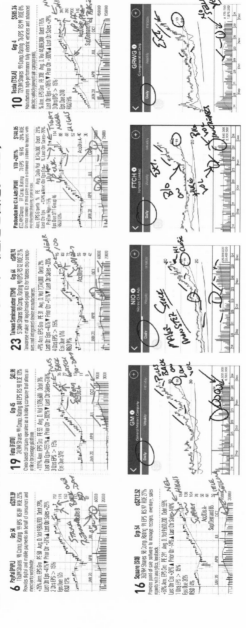

図1.40 2020年のダウ平均の日足チャート（ストックマスター）

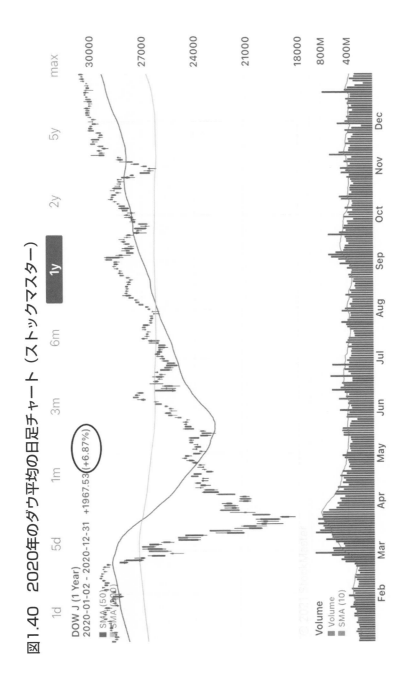

図1.41　2020年のS&P500の日足チャート（ストックマスター）

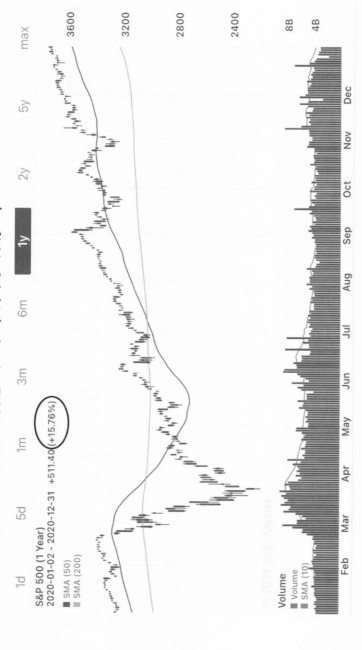

図1.42 2020年のナスダックの日足チャート （ストックマスター）

多くのトップトレーダーは本章で取り上げた先導株のいくつかを買い、春に始まった上昇トレンドに乗り続けて、2020年に3桁の利益を得た。彼らの多くは上昇中に売り抜けるか、典型的な天井の兆候が見えるか売りシグナルが点灯したときに売った。毎年、USインベスティング・チャンピオンシップという大会が開催されている。複数の部門があり、ジョージ・トゥカチョックのリターンは119％で、マネージドアカウント部門で1位と、素晴らしい年になった。

2020年の順位表（参加者124人）

2020年12月31日までのパフォーマンス

マネーマネジャーの証明済み順位（100万ドル以上の口座）

株式部門

　　ジョージ・トゥカチョック　　　+119.1%

　　ビル・ローラー　　　　　　　　+15.2%

　次は2020年のUSインベスティング・チャンピオンシップにおける個人の株式部門（最低2万ドル）の上位5人のトレーダーだ。

USインベスティング・チャンピオンシップ
株式部門

　　オリバー・ケル　　　　　　　+941.1%

　　トマス・クラロ　　　　　　　+497%

　　ライアン・ピアポント　　　　+448.4%

　　マシュー・カルーソ　　　　　+346%

　　シャヒード・サリーム　　　　+322%

トップトレーダー

　オリバー・ケルは941.1%という驚異的なリターンで大会新記録を樹立した。彼が特大の利益を得た銘柄にはテスラ（TSLA、**図1.29**）、ファストリー（FSLY、**図1.21**）、リボンゴ・ヘルス（LVGO、**図1.16**）などがある。株式市場が大きく売り込まれるなか、リボンゴ・ヘルス（LVGO）がよく持ちこたえていたことや、新型コロナウイルスが猛威を振るう世界でこの企業が人々の役に立つと見られていたため、彼は早くも3月に25ドル前後でリボンゴ・ヘルス（LVGO）を買った。そして、50%上昇したところで一部を売ったが、コアポジションは維持した。8月に合併が発表されると、その直後

に135ドルですべてを売り抜けた。コアポジションのリターンは440
％だった。また、ファストリー（FSLY）を何回かトレードして29
ドルから95ドルまでの上昇トレンドに最もうまく乗り、2カ月で
226％のリターンを得た。彼は以降も何回かファストリー（FSLY）
のスイングトレードをしたが、10月中旬の大きなギャップダウンに
（ほかの多くのトップトレーダーとともに）巻き込まれた。彼はす
ぐにポジションをすべて手仕舞うと、再び上昇することを期待する
のではなく、この銘柄には二度と手を出さなかった。テスラ（TSLA）
も大きな利益をもたらした銘柄だった。彼はこの銘柄が急騰してい
た期間中、スイングトレードで売買を繰り返した。市場がまだ下落
していた3月に早くもトレードを始めた。そのときは逆指値に引っ
かかったが、3月末に市場の激しい下げが収まり始めると、すぐに
再び買った。その後、100ドル近くから117ドルまで増し玉を続けた。
150ドル近くまで一気に上げたあと、決算に対する反応がネガティ
ブだったのですべてを売った。145ドル近くで再び買い、急騰し始
めたので、170ドル、200ドル、205ドル近くで増し玉をした。彼は
この先導株に口座資金の70％近くをつぎ込んだ。これは本格的な集
中投資であり、歴史上の一流トレーダーが適切と判断したときに行
ってきたことだ。彼は結局、325ドルで持ち株の大半を売り、300ド
ルまで下げたときにさらに売った。8月に株価が押したため、逆指
値に引っかかったが、損失はわずかだった。テスラ（TSLA）が再
び急騰すると、彼は300ドル近くで買い直し、475ドルと450ドル近
くで売るまでポジションを維持した。このトレードで合わせて55％
のリターンを素早く得た。9月と11月にも再びこのトレードをして、
小さな損失を出した。しかし、9月4日に395ドルで買ったときには、
9月8日の寄り付きで売って10％の損失を出し、大きな痛手を被っ

た。これは損切りだったが、口座資金の40％をこのポジションにつぎ込んでいた。これほどの損失は大きな打撃になるが、彼はこの年のこの時点までに莫大な利益を得ていたので、これほどのリスクをとったのだ。このトレードはうまくいかなかったが、それで思いとどまることはなかった。11月中旬にテスラ（TSLA）が再び上昇に転じると、彼は本格的に投資を開始した。彼は前の損失を取り戻してはいなかったが、株価が急騰し始めたので、まだこの銘柄に自信があった。彼は再びこの銘柄に集中投資をした（再び口座資金の70％近く）。462ドル近くで買い始めて500ドルまで増し玉をすると、ポジションを維持した。テスラ（TSLA）は年末に705ドルを付けて2020年を終えた。結局、彼は2021年の初めに875ドル近くですべてを売った。**図1.29**のテスラ（TSLA）のチャートをよく見直してもらえれば、彼のトレードをチャートでたどって、トップトレーダーが1年で900％以上ものリターンを上げる方法が分かるだろう。彼はまた、トゥイリオ（TWLO。**図1.19**)、ロク（ROKU。**図1.24**)、データドッグ（DDOG。**図1.17**）など、多くの銘柄でもうまく利益を上げている。彼は『ビクトリー・イン・ストック・トレーディング（Victory in Stock Trading)』という本を書き、2021年に出版された。これには彼のトレード戦略が詳しく説明されていて、お勧めの本だ。彼はツイッターの「@1charts6」でフォローできる。

　株式部門で346％という卓越したリターンを上げて4位になったマシュー・カルーソは、本書で取り上げた銘柄のいくつかをトレードした。非常にうまくいったトレードのうちの3つはザ・トレード・デスク（TTD、**図1.37**）のほかに、またもやリボンゴ・ヘルス（LVGO）とファストリー（FSLY）だった。彼はリボンゴ・ヘルス

（LVGO）を４月３日に28.50ドルで買い始めた。これは株式市場の上昇トレンドが始まる直前だった。そして、買収される形での合併が発表された８月５日に144ドルですべてを売った。これによる平均利益は４カ月でなんと405％だった。ファストリー（FSLY）が初めてギャップアップした５月７日には、この銘柄を27.50ドルで買った。そして、10月14日に91ドルでポジションを手仕舞った。これによる平均リターンは５カ月で231％だった。また、４月22日には232ドルでザ・トレード・デスク（TTD）を買った。これは株式市場の上昇トレンドが明らかになり、より多くの銘柄が上昇し人気化し始めてから数週間後のことだった。彼は７月14日にザ・トレード・デスク（TTD）を430ドルで売り、わずか３カ月で85％のリターンを得た。彼は年間を通じてほかにも多くのトレードで成功し、相場が逆行したときには、必ず素早く損切りをしている。彼はツイッターの「@Trader_mcaruso」でフォローできる。彼は初心者からベテランまで、あらゆるレベルのトレーダー向けに１回限りの会費によるビデオサービスを提供している。これはプロが作った素晴らしいコースで、ビデオとチャートを含めて幅広いテーマを扱っている。１回限りの会費に十分見合う内容である。

　ライアン・ピアポントは448％という驚異的なリターンで、株式部門の３位に入った。彼は2021年にも３位に入っている（第２章を参照）。彼の戦略はスイングトレードなので、ポジションを数週間しか維持しない。しかし、彼は真の先導株だけを選んで、それらのスイングトレードを繰り返す。トレード戦略はトレーダーのニーズや個性に合わせることがとても重要だ。2020年に最大の利益をもたらしたのはテスラ（TSLA）のトレードだった。彼は株式市場が上昇トレンドに入り、テスラ（TSLA）が出来高を伴ってベースから

の上放れを始めた4月上旬に買った。そして、5月上旬に売って、かなりの利益を素早く得た。その後、7月上旬に株価が21日移動平均線エリアから大きな出来高を伴って上昇し、高値を更新すると、再びテスラ（TSLA）を買った。この値動きは数週間に及ぶ突出高（**図1.29**）につながった。彼はこの力強い上昇に合わせてポジションを手仕舞い、短期間に大きな利益をものにした。8月中旬に一時的に押したあとに買い直すと、再び数週間にわたって急騰した。9月初旬に再び上昇途上でこのポジションを手仕舞い、短期間に大きな利益をものにした。彼はこうしたトレードを2020年にテスラ（TSLA）でもう1回行った。11月に再びテスラ（TSLA）を買い、12月初旬まで急騰に乗って大きな利益を得た。12月いっぱいから2021年にかけての最後の力強い上昇は逃した。しかし、自分で磨きをかけた戦略を使って、テスラ（TSLA）で大きな利益を繰り返し得ることができた。すでに述べたように、彼は流動性が高くて強い先導株が重要な買いポイントエリアから上げ始めたときに買い、上昇途上で売り抜けるというプロセスを繰り返した。そして、このスイングトレード戦略で、2021年にも株式部門で3位になった。

　ロッペル・キャピタル・マネジメントを運用するジム・ロッペルについては以前にも書いたことがあるが、彼は2020年に3桁のリターンを出した。彼が大勝ちした銘柄をいくつか挙げると、ズーム（ZM、**図1.6**）、ロク（ROKU、**図1.24**）、ザ・トレード・デスク（TTD、**図1.37**）などがある。イブ・ボボックはロッペル・キャピタル・マネジメントのポートフォリオマネジャー兼マーケットストラテジストだが、彼女が運用するファンドも2020年に3桁のリターンを出している。彼女の最高のトレードもテスラ（TSLA）だった。彼女は2019年にも何回もテスラ（TSLA）のトレードをしていたが、

2020年にはこの銘柄で大成功を収めた。これは彼女の最大のポジションだった。テスラ（TSLA）は真の先導株で、2020年に株式市場が上昇トレンドを形成していたときに相場を主導していたため、集中投資をした。株式市場が堅調で最高の先導株に投資している場合、1～2銘柄に集中投資をするのはウィリアム・オニールの重要な戦略だった。2003年に、彼はeBayに集中投資をした。彼はこの会社の沿革を知っていて、ファンダメンタルズも極めて良かったので、大きな利益を得た。ボボックはテスラを熟知しており、オニールと同様に集中投資戦略を取った。彼女がテスラのポジションを初めて取ったのは2019年10月初旬だった。このトレードは非常にうまくいったが、テスラが急騰したことと市況が悪化したために、2020年2月にすべてを売った。2020年に上昇トレンドが勢いを増したので、2020年5月18日に165.86ドル（分割調整済み）で買い直した。そして、年末までこのコアポジションを維持しながら、スイングトレードでポジションを何回も増やしたり減らしたりした。決算発表の直前や、エクステンションやサポートの水準に達したときにもポジションを調整した。2022年1月中旬までに、コアポジションは532％上昇していた。

　2020年に彼女が行った2番目に大きなトレードはペロトン（PTON、**図1.8**）だった。彼女のペロトン（PTON）の売買は教科書どおりのモンスター株トレードだ。株式市場の上昇トレンドがちょうど始まるころの4月13日に、29.79ドルでペロトン（PTON）を買い始めた。彼女は6月に何回か増し玉をし、最初に取ったコアポジションに加えて、状況に応じてさらに数回増し玉をした。コアポジションが70％以上上昇した時点で、ポジションを減らした。9月下旬に株価が本格的に上昇し始めると、再び増し玉をした。株価

が棒上げを始めると、10月中旬に上昇途中で売り抜けた。彼女は2020年秋にも何回かトレードをし、2021年4月20日にペロトン（PTON）の残っているポジションを105.55ドルで手仕舞った。ペロトン（PTON）のコアポジションの純リターンは254％だった。ツイッターの「@EBoboch」で彼女をフォローできる。彼女は2018年に出版された『**IPOトレード入門――超成長株発見法**』（パンローリング）の共著者で、IPOと成長株に関する本では最も売れている。

　これらのトップトレーダーは同じ銘柄のトレードを数回繰り返して大きな利益を上げている。そういうトレードをしたのは、これらの銘柄がこの年に傑出した先導株であり、力強い上昇中にトレード機会が何回か訪れたからだ。先導株はトップトレーダーに注目される。トレーダーたちはそれぞれ異なる戦略を用いるが、みんなこれらの銘柄を認識して、自分の戦略を当てはめた。彼らの何人かは先導株でコアポジションを取り、それがうまくいくかぎり、上昇途上で一部を売る。ファストリー（FSLY）のように株価が急騰すると、彼らはポジションをすべて手仕舞った。しかし、多くのトレーダーはコアポジションを維持しながらスイングトレードをした。そして、スイングトレードがうまくいかなかった場合には、素早く損切りをした。スイングトレードがうまくいけば、コアポジションを維持したまま利益が増え、全体の利益も巨額になった。

第2章
2021年

Chapter Two -- 2021

2020年が終わり、株式市場も新年を迎えた。2021年に入っても市場の上昇トレンドが続いたため、2020年の先導株の多くが年末近くに試していた支持線エリアから反発した。ほかにも新しいモンスター株候補がいくつか動き始めた。だが、最もパフォーマンスが良かったのは2020年のモンスター株である数銘柄だった。しかし、すべてではない。支持線を大きく下にブレイクして先導株の地位を失った銘柄もある。これらの強い売りシグナルにはきちんと耳を傾けて、手仕舞うべきときに手仕舞う必要がある。ファストリー（FSLY）は2020年10月に真っ先に急落した銘柄の1つだ（**図1.21**）。多くのトレーダーはこの急落に不意を突かれた。この典型的な売りシグナルから株価が回復することはなかった。ズーム（ZM）も2020年の秋に先導株の地位を失った銘柄だった（**図1.6**）。大商いを伴って21日移動平均線（SMA）と50日移動平均線を一気に下抜いて、これらの水準が支持線ではなく抵抗線になったため、これは典型的な売りシグナルだった。通常、株価がすぐに回復しない場合、こうしたブレイクはトレンドの転換が確実に起きたことを示す。第3章では、このようなブレイクをたくさん見ることになる。だから、手仕舞うべきときにはためらわないことだ。せっかく得た含み益の大部分を失うべきではない。機会はまた必ず訪れる。

　1月も上昇トレンドが続いたが、月末の1月29日にインベスターズ・ビジネス・デイリー（IBD）は株式市場の見通しを「上昇トレンド中の押し圧力」に変更した。しかし、市場は早くも2月2日には一転して上昇トレンドに戻った。この動きは上昇トレンド中の押し圧力がかかっていた状況からすぐに立ち直った2020年と似ていた。**図2.1**の週末のウオッチリストを見ると、ファストリー（FSLY）やズーム（ZM）のような強い売りシグナルはほとんどなく、多く

図2.1 2021年1月23日の週末のウォッチリスト（週足と日足。IBD）

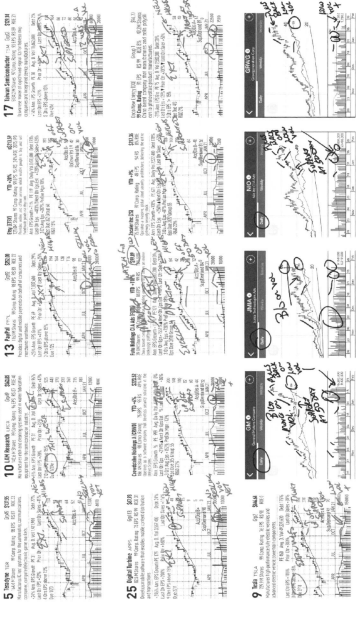

の先導株にトレードの機会があったことが分かる。この上昇トレンドは勢いを増し、2020年からの先導株のほとんどが上昇トレンドを維持しただけでなく、新たな先導株候補もいくつかベースで堅調なパターンを形成して、トレードの機会を提供していた。

　2月も上昇トレンドが続き、月半ばにはH/L/Gがプラス900台を記録している。歴史的に見ると、この水準は高すぎであり、中期的には持続できない。2月末にインベスターズ・ビジネス・デイリーは再び「上昇トレンド中の押し圧力」に変更し、3月4日にはさらに「調整局面」に格下げした。株式市場は再びすぐに反発し、3月10日には「上昇トレンドの再開」に格上げした。しかし、株式市場には微妙な変化が起きていた。3月中旬になると、相場を主導するセクターに変化の兆しが見え始める。この変化によって、2021年のほとんどの期間における相場のテーマが決定付けられることになる。2020年の大半で高騰していた成長株は勢いを失い始め、新たに上昇しても長続きしなくなり始めた。また、典型的なブレイク後の買いが鈍り、よりトレーダー向きの相場になり始めた（スイングトレード、スキャルピング、さらにはデイトレードがやりやすくなる）。多くの先導株や主要な株価指数が大きく調整することはなかったものの、多くの銘柄がちゃぶつくようになった。そして、相場を牽引する銘柄も変化していった。ディフェンシブセクターや景気回復に関連する銘柄が主導するようになった。**図2.2**は3月下旬の先導株のウオッチリストだ。

図2.2.　2021年3月29日の週末のウオッチリスト（週足と日足。IBD）

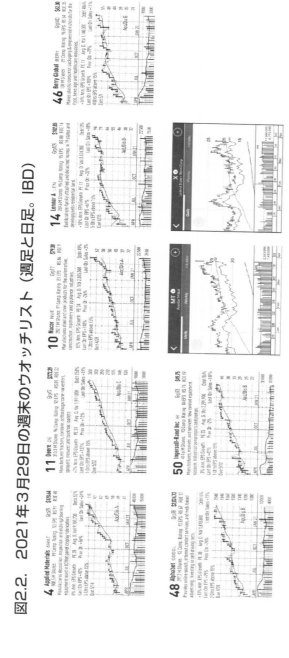

ほかに、2021年の春先に有望視されていて、最終的にこの年のモンスター株になった銘柄にはジム・シッピング・サービシズ（ZIM）、デボン・エナジー（DVN）、ニューコア（NUE）、ダイヤモンドバック・エナジー（FANG）などがある。ジム・シッピング・サービシズ（ZIM）は年初に新規上場したばかりの銘柄だ。**図2.2**のウオッチリストと今取り上げた銘柄から、物色対象がほかのセクターに次々と移っていることが分かる。海運からエネルギーや鉄鋼へと相場は活気づいていったが、高成長株が続出する2020年の環境に慣れた個人トレーダーにとっては、投資対象が狭くなった。循環物色が広がると、割高株の多くは下げた。そこで、一際目立っていた銘柄がITセキュリティーのフォーティネット（FTNT）だった。フォーティネット（FTNT）は着実に上昇し、2020年から続くモンスター株の1つに見えた。また、第1章で取り上げたフートゥー・ホールディングス（FUTU）も2020年から勢いのある銘柄だった。フートゥー・ホールディングス（FUTU）は短期間で急騰したが、クライマックストップ後は売り圧力に屈した。

　4月上旬に市場は反発し、下げていたテクノロジー関連の成長株の多くも支持線から反発して上昇を続けた。ほかのセクターも上昇を続けたが、物色されるセクターの移り変わりが激しくなったため、すぐに押した。しかし、株式市場では先導株が次々に生まれ、ある週にあるセクターの銘柄が上昇し、次の週には別のセクターの銘柄が上昇した。株式市場は5月いっぱい上昇トレンドが続き、H/L/Gもプラスを維持したが、ベースから上放れて上昇した先導株を保有し続けるのは難しくなってきた。また、市場全般の上昇トレンド中にブレイクする銘柄もあったが、それらを追うのは非常に難しくなっていた。2020年とはまったく異なる相場つきだった。5月、6

月、７月の３カ月間に、インベスターズ・ビジネス・デイリーは市場見通しを８回も変えた。「上昇トレンド中の押し圧力」に４回、この期間で最後の７月23日までに「上昇トレンドの再開」に４回変えた。この間に、H/L/Gがマイナスになった日が９日あったが、トレンドはなかった。H/L/Gのトレンドは通常、どちらかの方向に３〜５日続くところから始まる。この重要な値から、特に2020年のような力強い上昇トレンドの相場と比べると、株式市場がいかにちゃぶつくようになったかが分かる。市場全般は上昇を続け、史上最高値を更新していたので、利益を得る機会はまだたくさんあった。ただし、短期的なスイングトレードのほうが利益を得る可能性が高かった。

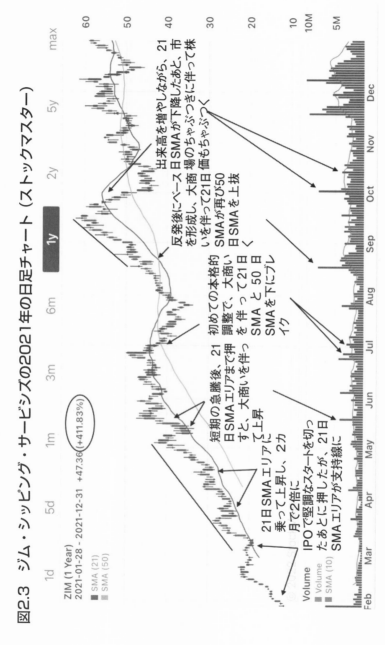

図2.3 ジム・シッピング・サービシズの2021年の日足チャート（ストックマスター）

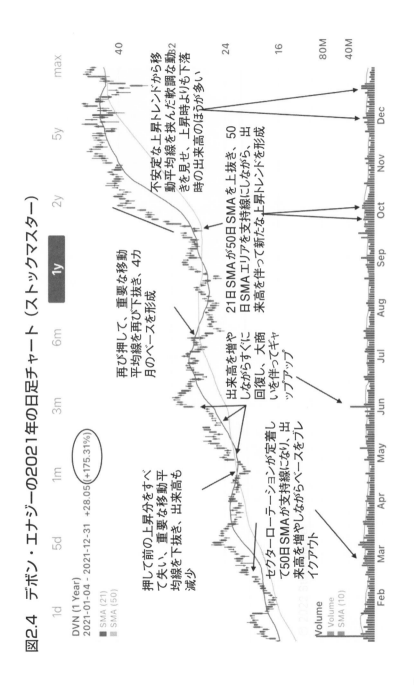

図2.4 デボン・エナジーの2021年の日足チャート（ストックマスター）

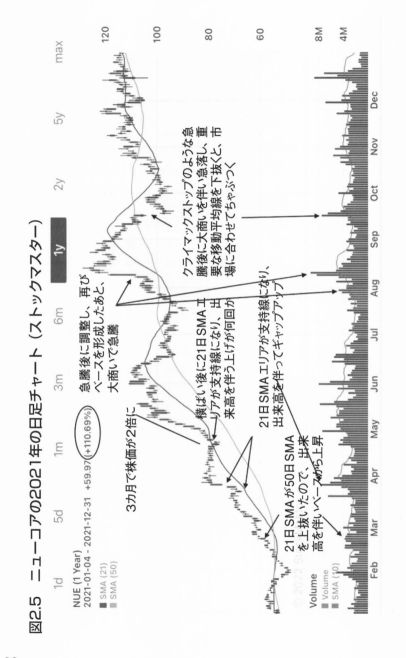

図2.5 ニューコアの2021年の日足チャート（ストックマスター）

急騰後に調整し、再び
ベースを形成したあと、
大商いで急騰

3カ月で株価が2倍に

横ばい後に21日SMAエ
リアが支持線になり、出
来高を伴う上げが何回か

21日SMAエリアが支持線になり、
出来高を伴ってギャップアップ

21日SMAが50日SMA
を上抜いたので、出来
高を伴いベースから上昇

クライマックストップのような急
騰後に大商いを伴い急落し、重
要な移動平均線を下抜くと、市
場に合わせてでやぶつく

図2.6 ダイヤモンドバック・エナジーの2021年の日足チャート（ストックマスター）

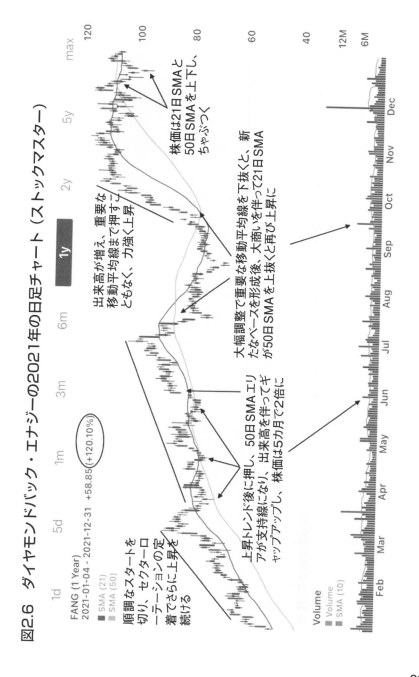

FANG (1 Year)
2021-01-04 - 2021-12-31 +58.85 (+120.10%)

■ SMA (21)
■ SMA (50)

順調なスタートを
切り、セクターロ
ーテーションの定
着でさらに上昇を
続ける

上昇トレンド後に押し、50日SMAエリ
アが支持線になり、出来高を伴ってキ
ャップアップし、株価は5カ月で2倍に

大幅調整で重要な移動平均線を下抜くと、新
たなベースを形成後、大商いを伴って21日SMA
が50日SMAを上抜くと再び上昇に

出来高が増え、重要な
移動平均線まで押すこ
ともなく、力強く上昇

株価は21日SMAと
50日SMAを上下し、
ちゃぶつく

Volume
■ Volume
■ SMA (10)

図2.7 フォーティネットの2021年の日足チャート (ストックマスター)

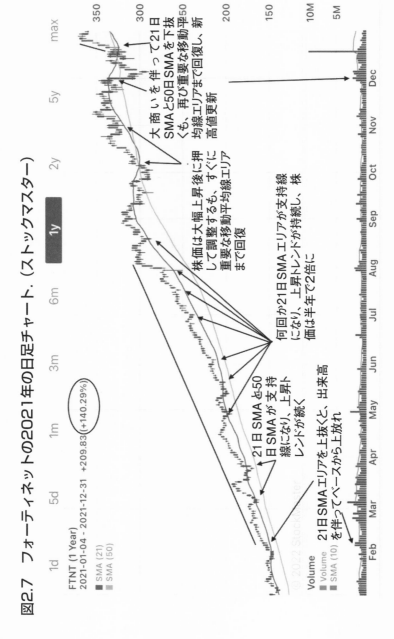

FTNT (1 Year)
2021-01-04 - 2021-12-31 +209.83(+140.29%)

■ SMA (21)
■ SMA (50)

Volume
■ Volume
■ SMA (10)

© 2022 StockMaster

21日SMAを上抜くと、出来高を伴ってベースから上放れ

21日SMAを50日SMAが支持線になり、上昇トレンドが続く

何回か21日SMAエリアが支持線になり、上昇トレンドが持続し、株価は半年で2倍に

株価は大幅上昇後に押して調整するも、すぐに重要な移動平均線エリアまで回復

大商いを伴って21日SMAと50日SMAを下抜くも、再び重要な移動平均線エリアまで回復し、新高値更新

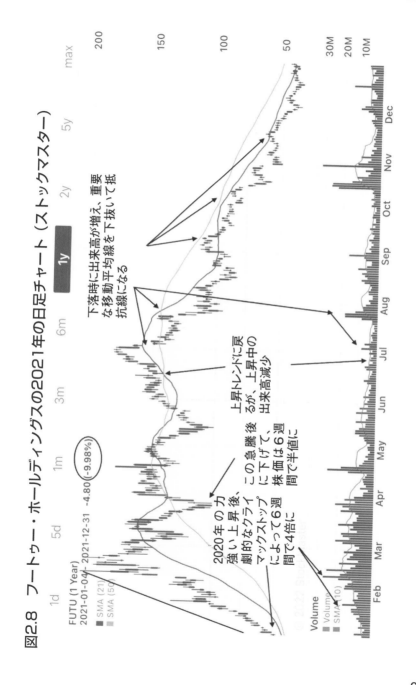

図2.8 フートゥー・ホールディングスの2021年の日足チャート（ストックマスター）

晩春には、新たな先導株がいくつか動き始めるか、勢いを増し始めた。それらには、コンチネンタル・リソーシズ（CLR）、ビオンテック（BNTX）、ディックス・スポーティング・グッズ（DKS）があった。ほかに、エネルギー大手の会社、コロナウイルス関連の医療会社、スポーツ用品再販の大手企業が相場を牽引するセクターに加わった。しかし、夏になると、図2.12で分かるように、株式市場は少しちゃぶつき始めた。2021年にインベスターズ・ビジネス・デイリーが変更した市場見通しをS&P500で示したのは、パフォーマンスに関してはこれが代表的な指数だったからだ。株式市場はまだ上昇トレンドにあったが、物色対象のセクターが次々と変わるようになり、以前の先導株が調整し始めたため、トレードで利益を得るのは難しくなった。

　8月は中旬に押したあと、再び上昇トレンドに戻ったため、この月もややちゃぶついた。H/L/Gはほぼプラスで推移したが、中旬に5日続けてマイナスになった。その後、再びプラスに転じると、市場は再び上昇トレンドに戻った。また、8月はインベスターズ・ビジネス・デイリーがこの年で初めて、市場全般の見通しを「上昇トレンド入り」から変更しなかった月でもあった。図2.13は8月27日のウオッチリストだ。2020年のモンスター株でまだ先導株の地位を維持していて、以前の上昇から調整してベースを形成したあと、新たに注目を集めている銘柄があることに気づくはずだ。それらのうちで最もパフォーマンスが良いものはクラウドフレア（NET）、Zスケーラー（ZS）、データドッグ（DDOG）だった。もう1銘柄はテスラ（TSLA）だった。さらに、GPU（画像処理装置）のリーダー企業であるエヌビディア（NVDA）などの先導株がいくつか出始めた。しかし、先導株の地位を維持し続ける銘柄がある一方、

失速する銘柄もあった。2020年から売りシグナルが点灯し始めて、変動が多くてちゃぶつき始めた銘柄にはクラウドストライク・ホールディングス（CRWD）、ペイパル（PYPL）、トゥイリオ（TWLO）などがあった。それらのいくつかは激しく変動したあと、下に大きくブレイクした。

　夏の半ばから終わりごろに、ほかにも先導株がいくつか動き始めた。アサナ（ASAN）、モデルナ（MRNA）、アップスタート・ホールディングス（UPST）、インモード（INMD）が先導株のリストに加わった。株価の動きがもっと目立った企業にはソフトウェア技術の企業、別のコロナウイルス関連の企業、AIによる融資の審査を行う企業、イスラエルの美容健康業界の企業があった。アサナ（ASAN）は6月上旬に上げ始めた。**図2.13**のウオッチリストにも載せたアップスタート・ホールディングス（UPST）は夏に非常に変動が少ない横ばいで推移し、8月上旬に急騰して天井を付けた。モデルナ（MRNA）とビオンテック（BNTX）はワクチンでコロナウイルスと闘っているため、多くの点でよく似ている。モデルナ（MRNA）は6月初旬に上にブレイクし、2カ月間ほど上げ続け、天井を付けたもう1つの銘柄だ。天井を付ける前の急騰は、強気相場の最中に売り抜ける絶好の機会になる。歴史上最高のトレーダーたちは喜びが込み上げる気持ちを抑えて、この急騰を売りシグナルとして使った。多くの未熟なトレーダーがこの止まらない急騰で買うため、熟練トレーダーはこの時期を利用して売り抜けるのだ。

図2.9 コンチネンタル・リソーシズの2021年の日足チャート（ストックマスター）

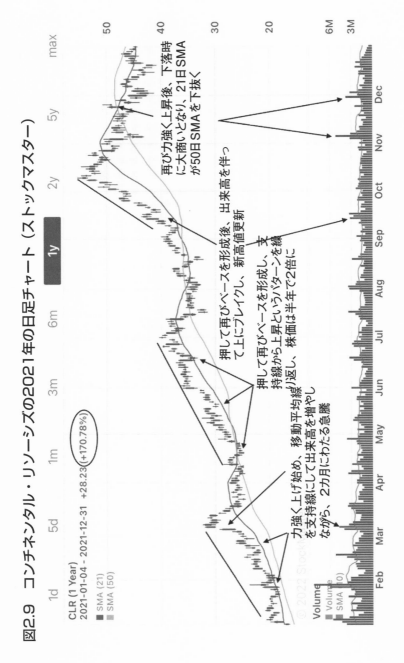

再び力強く上昇後、下落時に大商いとなり、21日SMAが50日SMAを下抜く

押して再びベースを形成後、出来高を伴って上にブレイクし、新高値更新

押して再びベースを形成し、支持線から上昇というパターンを繰り返し、株価は半年で2倍に

力強く上げ始め、移動平均線を支持線にして出来高を増やしながら、2カ月にわたる急騰

図2.10 ビオンテックの2021年の日足チャート（ストックマスター）

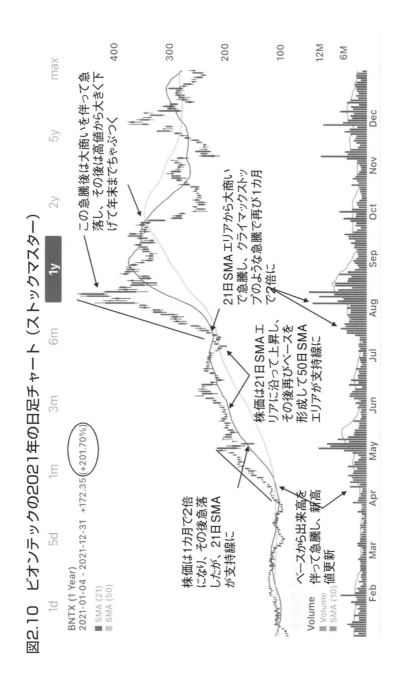

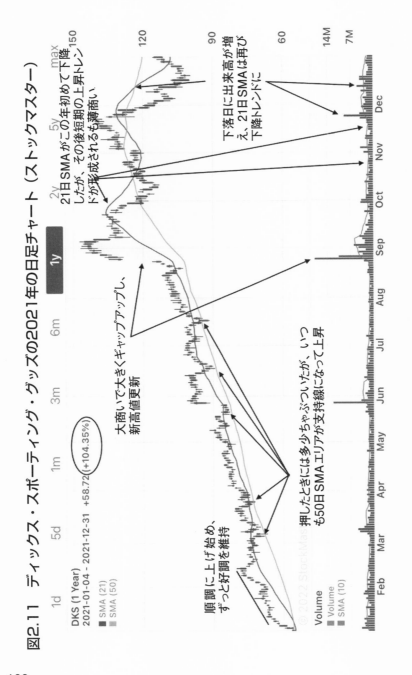

図2.11 ディックス・スポーティング・グッズの2021年の日足チャート（ストックマスター）

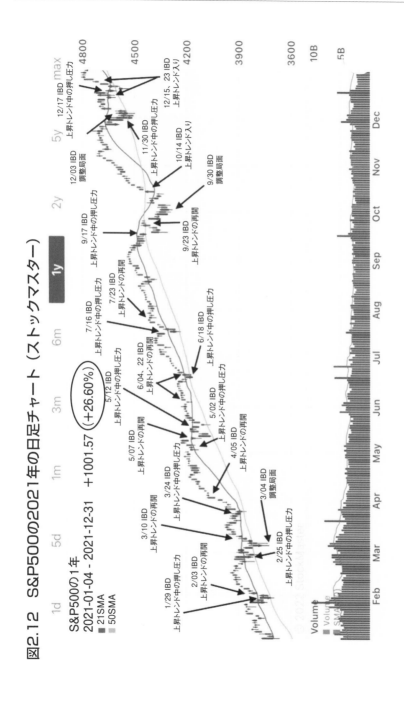

図2.12　S&P500の2021年の日足チャート（ストックマスター）

図2.13 2021年8月27日の週末のウォッチリスト（週足。IBD）

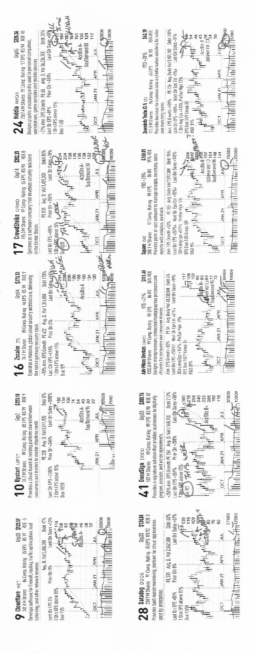

Figure 2-13 Weekly Chart Watchlist. August 27, 2021 Daily Chart. (*IBD*)

図2.14 クラウドフレアの2021年の日足チャート（ストックマスター）

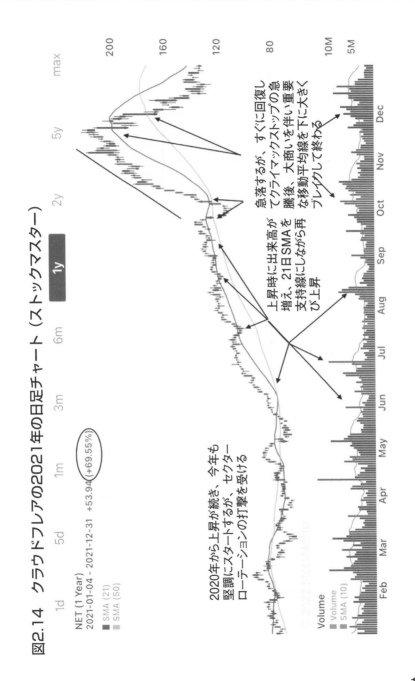

2020年から上昇が続き、今年も堅調にスタートするが、セクターローテーションの打撃を受ける

上昇時に出来高が増え、21日SMAを支持線にしながら再び上昇

急落するが、すぐに回復しマクラ イマックストップの急騰後、大商いを伴い重要な移動平均線を下に大きくブレイクして終わる

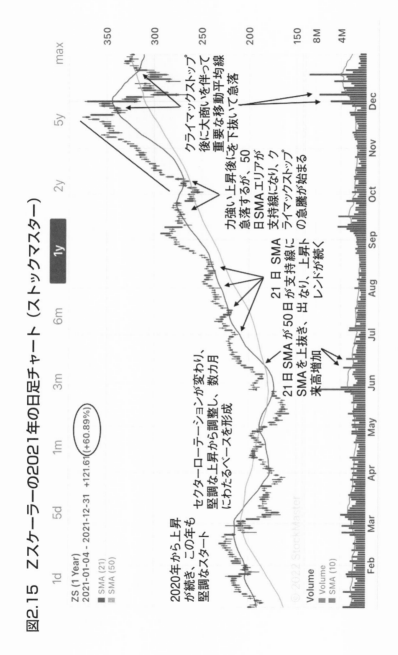

図2.15 Zスケーラーの2021年の日足チャート（ストックマスター）

2020年から上昇
が続き、この年も
堅調なスタート

セクターローテーションが変わり、
堅調な上昇から調整し、数カ月
にわたるベースを形成

21日 SMA が 50 日 が支持線に
21 日 SMA
SMA を上抜き、出なり、上昇
来高増加 トレンドが続く

力強い上昇後に
急落するが、50
日 SMAエリアが
支持線になり、ク
ライマックストップ
の急騰が始まる

クライマックストップ
後に大商いを伴って
重要な移動平均線
を下抜いて急落

ZS (1 Year)
2021-01-04 - 2021-12-31 +121.61(+60.89%)

■ SMA (21)
■ SMA (50)

Volume
■ Volume
■ SMA (10)

© 2022 StockMaster

図2.16 データドッグの2021年の日足チャート（ストックマスター）

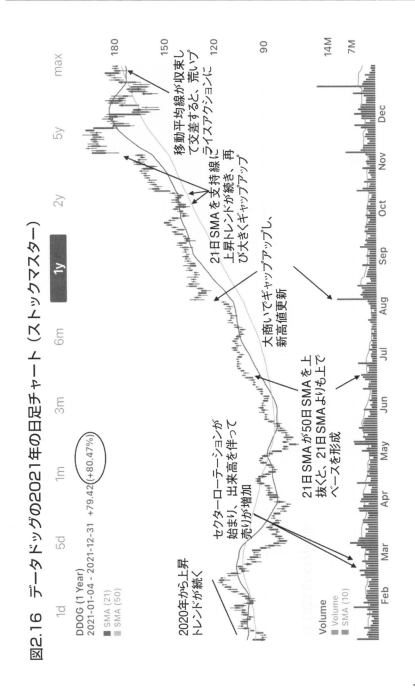

移動平均線が収束し
て交差すると、荒い
ライスアクションに

21日SMAを支持線に
上昇トレンドが続き、再
び大きくギャップアップ

大商いでギャップアップし、
新高値更新

21日SMAが50日SMAを上
抜くと、21日SMAよりも上で
ベースを形成

セクターローテーションが
始まり、出来高を伴って
売りが増加

2020年から上昇
トレンドが続く

図2.17 テスラの2021年の日足チャート（ストックマスター）

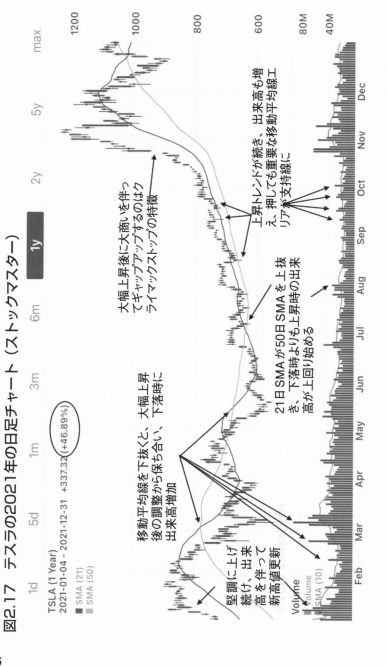

TSLA (1 Year)
2021-01-04 - 2021-12-31 +337.32(+46.89%)

SMA (21)
SMA (50)

堅調に上げ
続け、出来
高を伴って
新高値更新

移動平均線を下抜くと、大幅上昇
後の調整から保ち合い、下落時に
出来高増加

21日SMAが50日SMAを上抜
き、下落時よりも上昇時の出来
高が上回り始める

大幅上昇後に大商いを伴っ
てギャップアップするのはク
ライマックストップの特徴

上昇トレンドが続き、出来高も増
え、押しても重要な移動平均線工
リアが支持線に

Volume
Volume
SMA (10)

図2.18　エヌビディアの2021年の日足チャート（ストックマスター）

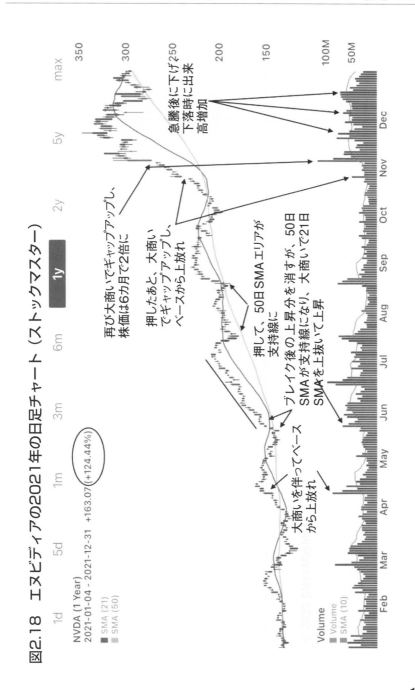

NVDA (1 Year)
2021-01-04 - 2021-12-31　+163.07 (+124.44%)
SMA (21)
SMA (50)

Volume
Volume
SMA (10)

再び大商いでギャップアップし、株価は6カ月で2倍に

押したあと、大商いでギャップアップし、ベースから上放れ

押して、50日SMAエリアが支持線に

ブレイク後の上昇分を消すが、50日SMAが支持線になり、大商いで21日SMAを上抜いて上昇

大商いを伴ってベースから上放れ

急騰後に下げ、下落時に出来高増加

図2.19 クラウド・ストライク・ホールディングスの2021年の日足チャート（ストックマスター）

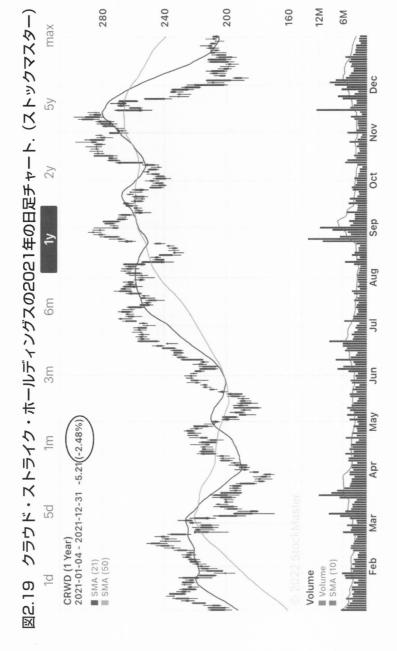

図2.20　ペイパルの2021年の日足チャート（ストックマスター）

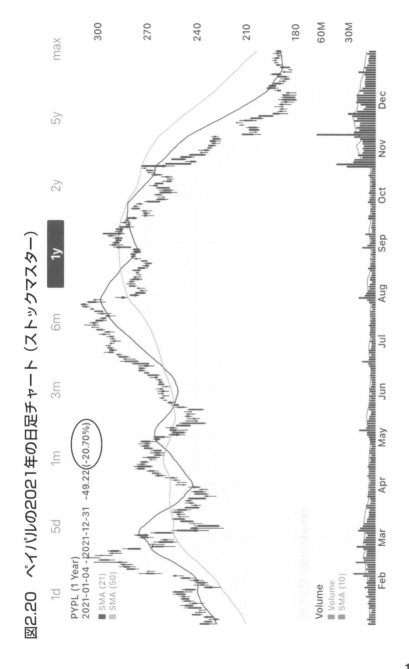

図2.21 トゥイリオの2021年の日足チャート（ストックマスター）

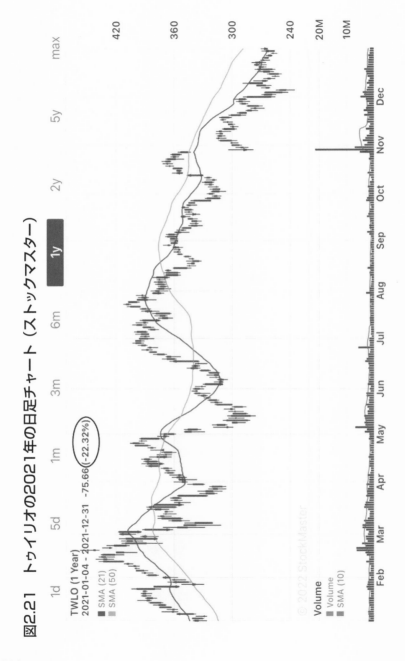

図2.22 アサナの2021年の日足チャート（ストックマスター）

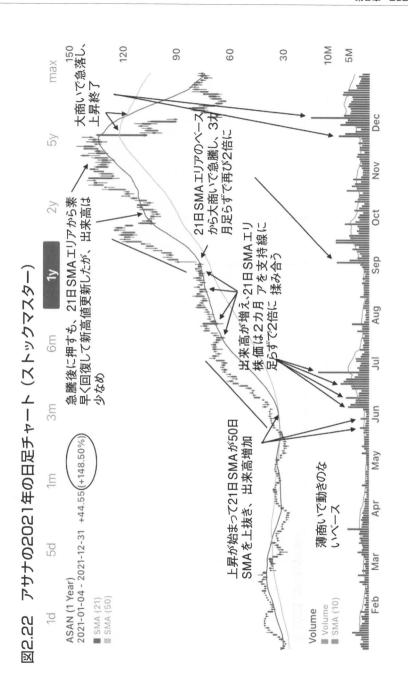

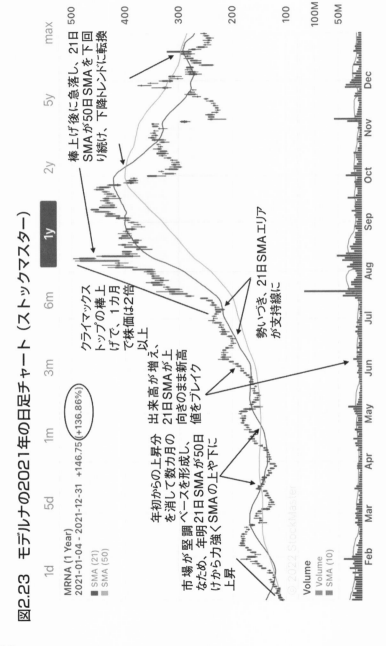

図2.23　モデルナの2021年の日足チャート（ストックマスター）

MRNA (1 Year)
2021-01-04 - 2021-12-31 +146.75 (+136.86%)
■ SMA (21)
■ SMA (50)

棒上げ後に急落し、21日
SMAが50日SMAを下回
り続け、下降トレンドに転換

クライマックス
トップの棒上
げで、1カ月
で株価は2倍
以上

出来高が増え、
21日SMAが上
向きのまま新高
値をブレイク

勢いづき、21日SMAエリア
が支持線に

年初からの上昇分
を消して数カ月の
ベースを形成し、
年明け21日SMAが50日
SMAの上やや下
に

市場が堅調
なため、21日SMAが上
向きから力強くSMAの上に
上昇

© 2022 StockMaster

Volume
■ Volume
■ SMA (10)

112

図2.24 アップスタート・ホールディングスの2021年の日足チャート（ストックマスター）

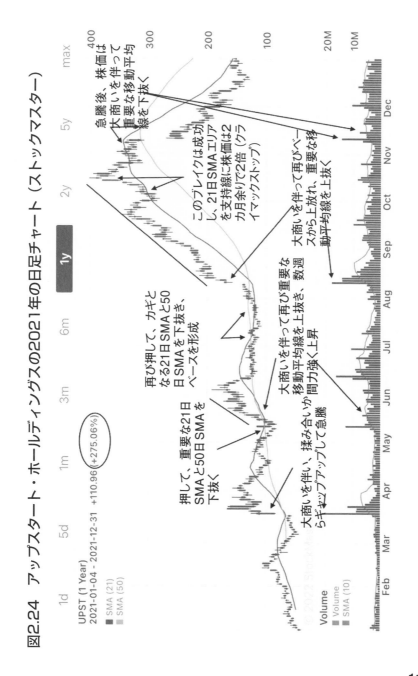

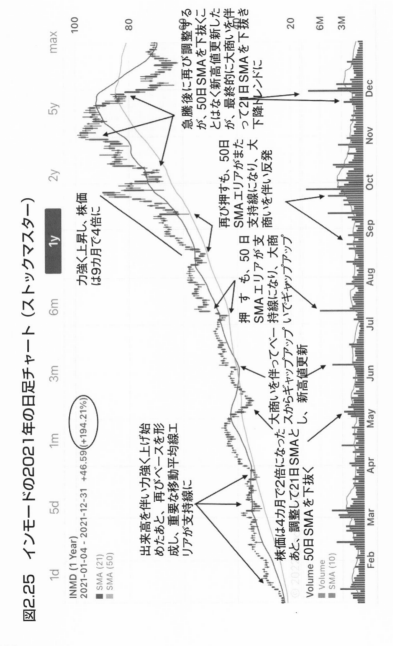

図2.25 インモードの2021年の日足チャート（ストックマスター）

　秋になると、株式市場はちゃぶつきが多くなった。9月は下げた
ため、インベスターズ・ビジネス・デイリーはこの月に市場見通し
を4回変えた。4回目は9月の最終日で、「調整局面」に変更された。
H/L/Gもこの日まで3日連続でマイナスだった。10月に入っても
相変わらずマイナスが続き、6日までで7日連続となり、この年で
最も長い連続マイナスになった。しかし、10月14日には株式市場は
上昇し、H/L/Gも過去6日間のうち5日でプラスになり、インベ
スターズ・ビジネス・デイリーは市場見通しを「上昇トレンド入り」
に格上げした。S&P500とダウ平均は50日移動平均線を上抜いた。
翌日にはナスダックも50日移動平均線を上抜いた。そして、最も重
要なのは、先導株が出来高を伴って上昇し始めたことだ。ウオッチ
リストには、レラティブストレングスや、過去や現在や予想のファ
ンダメンタルズが強い銘柄も増えていた。**図2.26**は10月15日のウ
オッチリストだ。ウオッチリストは出来高を伴ったプライスアクシ
ョンを見せている先導株と、ベースを形成するか主要な移動平均線
エリアが支持線になっている銘柄で構成されている。

　株式市場の上昇トレンドが続き、さらにいくつかの先導株が年末
に向けて力強く上昇し始めた。ビルダーズ・ファーストソース
（BLDR）、オン・セミコンダクター（ON）、アリスタ・ネットワー
クス（ANET）らは年末に向けて短期間、力強く上昇した銘柄だ。
これら住宅市場関連、半導体関連、クラウド型ネットワーク技術関
連の3銘柄は先導株に加わった。これらはいずれも11月初めに大商
いを伴ってギャップアップしているが、これは買いシグナルだ。ま
た、この3銘柄は11月初めのギャップアップから12月までの2カ月
間に力強く上昇したが、これがこの年に最も大きく上昇した期間だ
った。このことは、モンスター株の値動きの一部を捉えるだけで、

その年のパフォーマンスとリターンを向上させることができること
を示している。そして、これら3銘柄はいずれも年末のギャップア
ップ前に上昇トレンドが形成されていて、先導株になっていた。

　株式市場は10月にトレンドが上昇に転じ、6週間上げ続けた。こ
の上昇トレンドはほぼ途切れることなく、H/L/Gは25日間連続で
プラスだった。しかし、11月中旬になると調整局面に入り、再びち
ゃぶつき始めた。11月17日にH/L/Gがマイナスになると、その後
は年末までプラスよりもマイナスの日のほうが多くなった。11月30
日にインベスターズ・ビジネス・デイリーは市場見通しを「上昇ト
レンド中の押し圧力」にしたが、H/L/Gはすでに9日間連続でマ
イナスになっており、先導株も1～2週間前から売られていた。こ
の10月からの6週間の堅調な上昇中に、上にブレイクしてうまく上
昇し始める銘柄が現れた。その後、12月に入ると、相場はこの年の
大半を占めたちゃぶつき相場に戻った。12月3日に、インベスター
ズ・ビジネス・デイリーは市場見通しを「調整局面」に変更した。
10月中旬に上昇した先導株の多くが売られ、物色対象のセクターは
再び変わっていたが、選べる銘柄は限られていた（上で紹介した3
銘柄はこの調整の流れに逆らった銘柄だった）。12月15日にインベ
スターズ・ビジネス・デイリーは「上昇トレンド入り」に戻したが、
2日後には再び「上昇トレンド中の押し圧力」に変更した。しかし、
H/L/Gは一貫してマイナスのままだった。そして、この値は12月
23日にプラスに転じたが、同じ日にインベスターズ・ビジネス・デ
イリーは市場見通しを「上昇トレンドの再開」に格上げした。イン
ベスターズ・ビジネス・デイリーによるこの市場見通しの変更は、
12月で4回目だった。その後、株式市場は年末の最終週にかなりの
上昇をして年を越した。

図2.26 2021年10月15日の週末のウオッチリスト（週足。IBD）

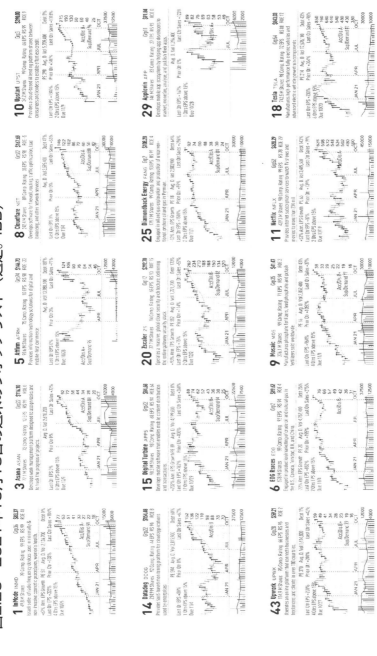

図2.27 ビルダーズ・ファーストソースの2021年の日足チャート（ストックマスター）

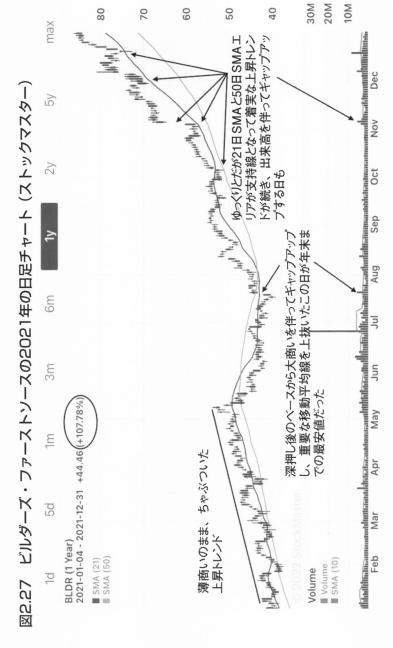

図2.28 オン・セミコンダクターの2021年の日足チャート（ストックマスター）

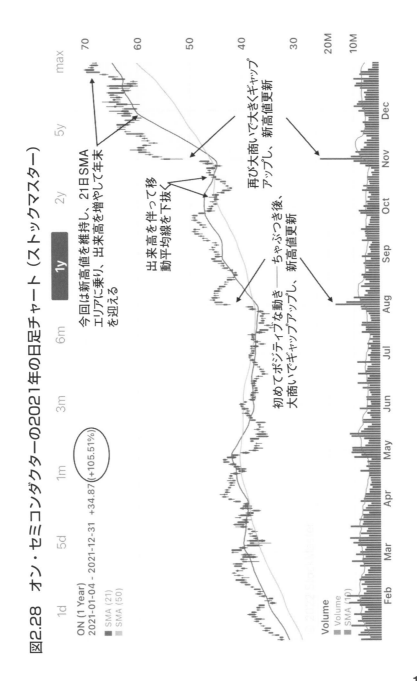

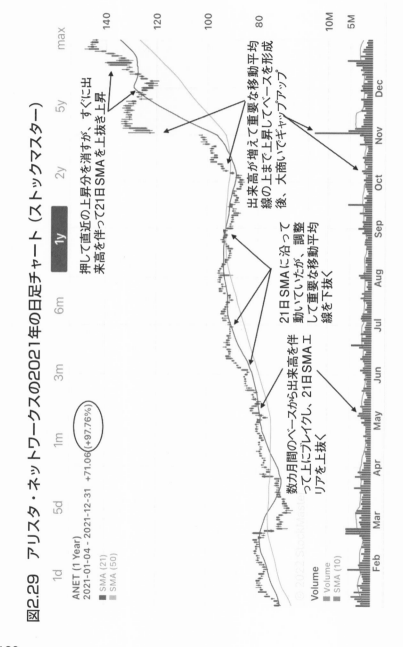

図2.29 アリスタ・ネットワークスの2021年の日足チャート（ストックマスター）

120

　S&P500の2021年のリターンは26.6％で、主要な指数のなかで最も良かった。ナスダックは20.7％、ダウ平均は18.7％だった。この章で取り上げたモンスター株で、2021年に株価が2倍以上になったものは16銘柄（リターンが98％のアリスタ・ネットワークス［ANET］も含む）だった。そのうち、3倍以上になったのは3銘柄だけだった。これは第1章で取り上げた2020年の銘柄数を大きく下回っている。主要な株価指数のリターンは良く、パフォーマンスも大差なかったにもかかわらず、モンスター株の数は著しく減った。2020年のように大きく上げた年のあとには、こうしたことは珍しくない。上昇トレンドが長く続くと、トレードは難しくなる。これはインベスターズ・ビジネス・デイリーが市場見通しを変更した回数や、H/L/Gがプラスとマイナスの間を行き来した頻度で見てきたとおりだ。2020年の「はじめに」の**図I.3**と比べて、マイナスになった回数（**図2.33**の中央線を下回った回数）がいかに多いかが分かる。

トップトレーダー

　トップトレーダーたちは難しい相場つきでもパフォーマンスが良い。2021年のUSインベスティング・チャンピオンシップでは、3桁のリターンを出した一握りのトップトレーダーたちがいた。

　マーク・ミネルヴィニはマネーマネジャーの株式部門で335％という素晴らしいリターンを出して、1位になった。これはこの部門の新記録だ。彼がこの大会で優勝したのはこれで2回目になる。1997年にも155％のリターンで優勝しているのだ。彼は過去30年間で最も成功した個人トレーダーの1人だ。2020年には大会に出場していないが、この年も150％という3桁のリターンを出している。

図2.30　S&P500の2021年の日足チャート（ストックマスター）

図2.31　ナスダックの2021年の日足チャート（ストックマスター）

図2.32 ダウ平均の2021年の日足チャート （ストックマスター）

図2.33 ナスダックの2021年の日足チャートと新高値・新安値 の銘柄数の差（ストックマスター）

彼はジャック・D・シュワッガーの『**マーケットの魔術師【株式編】**』（パンローリング）にも登場し、３冊のベストセラーを書いた著者でもある。「結論」の推薦書リストを見てほしい。彼の著書のうち２冊を、これまでに書かれた最も優れた投資本に入れている。ツイッターの「@markminervini」で、彼をフォローできる。彼は毎年、ワークショップを開催しており、株式部門で年間トップトレーダーに選ばれた人の多くがこれに参加している。また、トレーダーが彼の成功した戦略をリアルタイムでフォローできる定額利用サービスを提供している。

2021年の順位表（参加者338人）
現時点での月間順位
2021年12月31日までのパフォーマンス
（過去の成績は将来の結果を保証するものではない）
マネーマネジャーの証明済み順位（100万ドル以上の口座）
株式部門

マーク・ミネルヴィニ	＋334.8％
ビバ・ジャー	＋100.4％
シュー・ピン・ペン	＋11.4％

次は2021年の株式部門（最低20万ドルの口座）の成績上位５人だ。

USインベスティング・チャンピオンシップ
株式部門

パベル・P・ステルバ	＋222.3％
ロイ・マトックス	＋214.4％

ライアン・ピアポント 　　　　　＋201％

ブランドン・ウォーノック 　　　＋133.4％

WM・ケリー・ブラウン 　　　　＋106％

　ライアン・ピアポントは株式部門で再び３位に入っている。ライアンのスイングトレード戦略は2021年もうまくいき、201％という素晴らしいリターンを上げた。彼は年初に先導株だったいくつかの中国株でスイングトレードをした。彼が最も利益を得たのはイーハン・ホールディングス（EH）とアップ・フィンテック・ホールディングス（TIGR）の２銘柄だった。また、フルジェント・ジェネティクス（FLGT）を年初に50ドル近くで買い、月末に90ドル近くで売った。アップ・フィンテック・ホールディングス（TIGR）も年初に買い、１カ月余りで４倍になったあとの２月初旬に売った。フートゥー・ホールディングス（FUTU、**図2.8**）も年初に40ドル以上で買ったが、非常に短期で利食いをし、60ドル近くで売っている。チャートで分かるように、株価は２月中旬に４倍以上の200ドルに達したのだが、彼はクライマックストップの大幅な上昇を取り損ねている。フートゥー・ホールディングス（FUTU）はこの急騰で最高値を付け、その後に急落し始めた。２月初めにはイーハン・ホールディングス（EH）を70ドル近くで買い、２週間で130ドル弱まで急騰したあとに売っている。ほかにも、この１年で成功したトレードで10％前後の短期利益を得ている。こうしたスイングトレードで短期利益を狙ったということは、３月から2021年末までの時期がいかに利益を得にくい相場だったかを改めて示している。年末まで上昇トレンド途上でのちゃぶつきが多かったため、中期トレードでもっと大きな利益を得る機会は少なくなっていた。彼はツイッタ

ーの「@RyanPierpont」でフォローできる。

　株式部門では、ロイ・マトックスが214％という非常に素晴らしいリターンを上げて２位になった。彼もどちらかと言えば短期のスイングトレードをする。2021年の相場、特に２月から年末にかけてはポジショントレードよりも短期トレードのほうが報われたことを思い出してほしい。彼はリボンゴ・ヘルス（LVGO）、ズーム（ZM）、ファストリー（FSLY）、データドッグ（DDOG）、アップスタート・ホールディングス（UPST）など、本書で取り上げた多くの銘柄のトレードをした。彼は先導株でトレードをしたのだ。ただ、相場に合わせて時間軸を短くしただけなのだ。彼は短期の時間軸でこれらの先導株だけのトレードをして、年間を通じて20％の利益を何回も得ている。市場全般の上昇トレンドに乗れば報われる。彼は2021年に素晴らしいリターンを上げて、そのことを証明した。彼はツイッターの「@RoyLMattox」でフォローできる。

第3章
得られた教訓

Chapter Three -- Lessons Learned

主要な株価指数は2020年も2021年も上昇したが、この２年はいくつかの点で大きく異なっていた。この２年から学べる教訓の多くは今後の相場サイクルでも役に立つ。どちらの年でも、これまでの相場サイクルと似た動きが多く見られた。違いは必ず生じるが、いくつかの重要な指標は今後も繰り返される。何十年も前からそうだったし、人間の本性が変わらない以上、今後も同じようなことが生じる可能性が高い。この２年で学んだ教訓の一部を時系列に沿って述べよう。

教訓1

　最初の教訓は、2020年の春先に広がりだしたようなネガティブなシグナルのすべてに注意を払うべき、ということだ。コロナウイルスはある程度、ほぼすべての状況を不透明にし、人々をパニックに陥れる出来事だった。株価は天井を付け始め、指数は出来高を増やしながら調整し、H/L/Gはマイナスになり、インベスターズ・ビジネス・デイリー（IBD）は市場全般の見通しを格下げした。この４つの指標がネガティブな方向に動くときには守りを固めるべきだ。ネガティブなシグナルがすべて点灯しているときは、持ち株を売って傍観するときだ。経験豊富なトレーダーならば、指数か典型的な売りシグナルが点灯している先導株を空売りすることもできただろう。しかし、何よりも、あの短期だが強烈な弱気相場の下落は、身を守るためには売る技術が必要だという教訓になった。損切りを早くすることや、明らかな下降トレンドで相場の流れに逆らおうとしないのは、マーケットにおける不変の教訓だ。また、資金を守り、平静を保つようにという教訓でもあった。下降トレンドが始まり、

それが続いているときには、資金を守ることが何よりも重要だ。そうすれば、相場はいずれ必ず反転するが、そうなったときにかなりの資金が手元にあって精神状態も良いので、次の上昇トレンドを利用してトレードができる。

教訓2

次に学んだ教訓は、下落相場が終わりそうだという明確なシグナルが点灯するまで待てるようになる必要があるということだ。これは時間をかけて経験から学ぶ忍耐の技術だ。我慢強さは資金を守ることにつながり、さらにポジティブな感情を維持するのにも大いに役立つ。相場が下げている時期にイライラしたり、相場の変動に一喜一憂したりしなければ平静さを保つのに役立ち、次の上昇トレンドに備えることができる。相場は終わりのない学習過程なので、相場から離れる時間を取るようにすれば、過去の失敗を振り返ってトレードに関する優れた本を何回も読み返し、絶えず学ぶことができる。特に長期にわたって相場に関わるつもりならば、我慢強さは身に着けるべき規律でも特に重要なものであり、大いに役に立つ。

教訓3

2020年の初めごろの相場から得られるこれら2つの教訓に従っていたのならば、3番目の教訓は新たな上昇トレンドに備えることについてだ。チャートの研究や週末のウオッチリストの検討をすれば相場に関心を持ち続けられるし、必ず訪れるトレンドの転換で必要なスキルを身に付けられる。がっかりして、あきらめなければ、次

に訪れる機会を利用できる。2020年の４〜８月の力強い上昇トレンド中にいかに多くの機会が生まれたかはすでに知っているはずだ。下降トレンド中に最も下げが小さく持ちこたえており、レラティブストレングスが高い銘柄は通常、株式市場が新たな上昇トレンドに入ったときの最も有力な先導株候補になる。株式市場がどういう動きをしていようと準備は必要である。トップトレーダーは規律正しく日課をこなす。彼らは相場がどういう状態でもリサーチを怠らない。彼らとほかのトレーダーとの成績の差は、リサーチをするかどうかの違いによる。彼らは理想的な状況でなければ、何もしない。多くのトップトレーダーは、下降トレンドで現金比率を高めておくことは上昇トレンドで先導株に投資することと同じくらい重要だと考えている。そして、状況が好転すれば、素早く動く。どんな状況でも、常に物事を把握しておくために必要なのは準備だ。

教訓４

　次の教訓は、大きな調整や弱気相場がどれほど長く続こうと、その後に相場が好転したときに市場に参加することについてだ。多くの場合（ほとんどの人は信じないが）、このときこそが初期の最も良い投資機会になるのだ。最初のちょっとしたトレンドはその後の上昇トレンドの感触をつかむのに役立つ。インベスターズ・ビジネス・デイリーは上昇トレンドの始まりを判断するのに非常に信頼できる記録を付けている。株価指数のチャートを見直して確かめてほしい（**図I.1、図2.12**）。新たな上昇が続くかどうかはだれにも分からない。だからこそ、試し玉をして判断が妥当かどうかを確かめるのだ。上昇トレンドが崩れ始めたらすぐに手仕舞おう。2020年４

月上旬の上昇は続かなかった。また、H/L/Gをインベスターズ・ビジネス・デイリーの判定と合わせて追跡すると非常に役立つ。株式市場が大きく下げた後、H/L/Gが反発してプラスが続けば、それはトレンドが転換したシグナルの可能性がある。しかし、最も重要なのはファンダメンタルズがしっかりしていて、①市場全般の下げに抵抗している銘柄、②レラティブストレングスラインが上昇しているもののうちで最も良い銘柄、③市場の下落中にしっかりと保ち合っている銘柄——という質量両面で優れているものを見つけることだ。これらの銘柄は上昇トレンドが始まって持続するときに、最初に上にブレイクして相場を主導する傾向がある。ここで得られる重要な教訓は、下落相場中に調べた銘柄のうちで上げ始めた銘柄に試し玉をして、市場に参加することだ。下落相場で資金を守りポジティブな感情を維持できたのであれば、資金的にも精神的にも有利な立場で市場に参加できるはずだ。だれにでもあることだが、ためらったり現実を否定したりしたせいで大きな痛手を負っていた場合には、資金的にも精神的にも準備が整わず、最高のパフォーマンスを発揮することはできない。そして、最高のトレード機会は上昇トレンドの初期に訪れるのだ。私が調べた歴史上最高のトレーダーたちはみんな、株式市場が調整局面から上昇に転じ、その上昇トレンドが持続するときに、最高のリターンを得始めている。

教訓5

　2020年の春に教訓1～教訓4をしっかり守り、再びトレードを始めたのであれば、最後に、戦略的なリスク管理と買った先導株をどう扱うかのトレード戦略が重要になる。成長株の重要なトレード戦

略には、相場が自分のポジションに逆行した場合の損切りの徹底、上昇時の増し玉、攻めと守りの両面での売り戦略、重要な移動平均線（SMA）エリアのベースパターンかそこからの上放れでの買い直しなどが含まれる。リスク戦略を計画どおりに実行し、精神面をコントロールし続けることが重要だ。戦略は自分の性格に合ったものにすべきだ。第1章と第2章の終わりで見たトップトレーダーたちの一部は戦略に違いがあった。彼らの戦略はそれぞれのスタイルに合わせているため異なっているが、結果は似ている。どんな戦略を用いていて、どんなエッジ（優位性）があろうと、重要なのは規律だ。成功できるトレードプランに従う規律を持っていれば、一貫性があるトレードができるようになる。

　それでは、2020年のモンスター株をいくつか見て、典型的な売買ポイントを指摘し、それらの銘柄が2021年にどういう動きをしたかを見ていこう。2020年4月の上昇トレンドで最初に上げた銘柄はズーム（ZM）とドキュサイン（DOCU）の2つだった。コロナウイルスのせいで在宅勤務が増えたため、それらの製品やサービスの需要が高まった。しかし、この2銘柄は2020年に多くのトップトレーダーに大きな利益をもたらしたが、大幅上昇後には典型的な売りシグナルが点灯した。得られた含み益を逃さないためには、いつ、どうやって売るべきかを知っておくことが重要だ。**図3.1**と**図3.2**のチャートは**図1.6**と**図1.7**と同じものだが、2020年の「買いと増し玉の機会」と「売りと手仕舞いの機会」の最適なポイントを追加で書き入れている。本書のチャートを見直せば、すべてで似たような事例を探すことができる。それは読者にとって良い練習や調査になる。あとで、ズーム（ZM）とドキュサイン（DOCU）を2021年の

日足チャートと合わせて取り上げる。そこで、先導株で得た大きな
含み益を確保するために、手仕舞い戦略がいかに重要かがよく分か
るだろう。一番避けたいのは、うまくトレードができた先導株でせ
っかく大きな含み益が得られたのに、固まってしまい、含み益を確
定するための手仕舞い戦術を無視して、すべてを失ってしまうこと
だ。

「買いと増し玉の機会」は通常、次のとおりだ。
- ●ベースからの上放れ──できれば大商い
- ●大商いを伴うギャップアップ
- ●出来高を伴ってベース内にパワーピボット（大陽線）のフラッグ
　が立つ
- ●21日移動平均線か50日移動平均線が支持線になり、そのエリアで
　反発──出来高を伴う場合が最も良い

「売りと手仕舞いの機会」は通常、次のとおりだ。
- ●大商いを伴ってギャップダウン
- ●クライマックストップ（最終局面での劇的な高騰）の形成
- ●21日移動平均線か50日移動平均線から上げすぎている（攻めの売
　り戦術）
- ●前の支持線である21日移動平均線か50日移動平均線を大商いを伴
　って下にブレイク（守りの売り戦術）

　歴史的に見て大きな先導株が共通してたどった動きの各段階を前
著の『モンスターストック（Monster Stocks)』から要約しておく。
これらの段階は本書で取り上げた多くの銘柄でも共通しているし、

今述べた2銘柄とも合っている。

●**セットアップ**　株式市場が上昇トレンド入りするまで辛抱強く待つこと。上昇トレンドの初期には通常、調整局面で最も良いベースを形成していた最高の先導株が上昇する。

●**ブレイク**　出来高を増やしながら健全なベースから上にブレイクしたら、それは明確な買いシグナル。

●**ブレイク後**　市場の上昇トレンドが続いて買った銘柄の株価もそれに追随した場合、最初の急騰での増し玉は報われることが多い。押したあとに重要な移動平均線を支持線にして反発する場合も増し玉の機会になる。ブレイクがダマシだった場合は、損失を最小限に抑えるために素早く損切りをする。

●**急騰**　成功したトレーダーは株価が重要な移動平均線エリアから上放れ後、急騰中に売り抜けて利益を得続けている。また、クライマックストップを探すことや、出来高を伴って重要な移動平均線エリアを下にブレイクしたときの守りの売りも慎重な売りの戦術である。

本書の冒頭のモンスター株を定義したところで、「急騰するモンスター株は通常6～12カ月の間に最も大きく動く」と述べたことを思い出してほしい。2020年の先導株の多くは確かに短期間に大きく動き、わずか3～4カ月で大きく動いた銘柄もあった。株価は永遠に上がるわけではないので、大きな含み益が得られたらその一部を確定させるための売りのルールを作っておくことが重要になる。上昇中に売り抜けるのはおそらく最も難しいルールの1つだが、歴史上のトップトレーダーたちは、長期的に成功するためにはこれが重

要なことだと気づいている。**図3.1**はズーム（ZM）の速い動きと、この大幅上昇で得た含み益のすべてを失わないうちに一部を確定するために売る機会が数回あったことを示している。2021年には、ズーム（ZM）は2020年に付けた高値に一度も達しなかった。実際、ズーム（ZM）にしがみついていた長期保有者は含み益のすべてを失っただけでなく、損失を被ることになった（**図3.3**）。2020年に大化けした先導株のいくつかもズーム（ZM）と同様に、急騰後には急騰前の株価まで下げた。

　ここで重要なのは、モンスター株の上昇を底から天井まですべて捉えられる人はだれもいない、ということだ。どんな手を使っても、そんなことはだれにもできない。ここでの目的は、市場に毎年現れる大化け株のうちの少なくとも数銘柄をつかむことだ。あなたが運か才能によってそれらを買っていたら、少なくともその大きな動きの一部に乗り続けるべきだ。株式市場に参加する目的が儲けることならば、最も大きく動く銘柄に投資したほうがよい。先導株に投資すれば、成功する可能性が高くなる。前の2つの章で見たように、2020年と2021年のUSインベスティング・チャンピオンシップの年間ランキングで上位に入ったトレーダーは、わずか数銘柄の先導株で見事なトレードをしただけで非常に大きなリターンを得たのだ。

図3.1 ズームの2020年の日足チャート（ストックマスター）

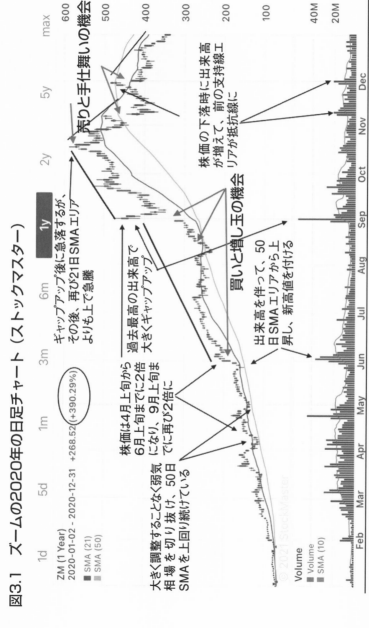

ZM (1 Year)
2020-01-02 - 2020-12-31 +268.52（+390.29%）

■ SMA (21)
■ SMA (50)

大きく調整することなく弱気
相場を切り抜け、50日
SMAを上回り続けている

株価は4月上旬から
6月上旬までに2倍
になり、9月上旬ま
でに再び2倍に

過去最高の出来高で
大きくギャップアップ

ギャップアップ後に急落するが、
その後、再び21日SMAエリア
よりも上で急騰

売りと手仕舞いの機会

株価の下落時に出来高
が増えて、前の支持線エ
リアが抵抗線に

買いと増し玉の機会

出来高を伴って、50
日SMAエリアから上
昇し、新高値を付ける

Volume
■ Volume
■ SMA (10)

© 2021 StockMaster

40M
20M

600
500
400
300
200
100

1d 5d 1m 3m 6m **1y** 2y 5y max

Feb Mar Apr May Jun Jul Aug Sep Oct Nov Dec

図3.2　ドキュサインの2020年の日足チャート（ストックマスター）

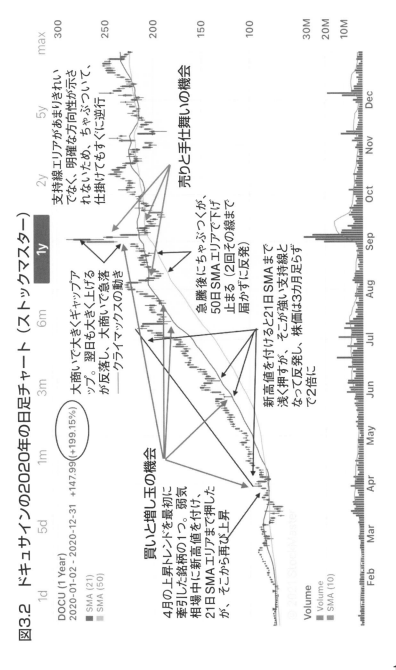

DOCU (1 Year)
2020-01-02 - 2020-12-31　+147.99（+199.15%）

■ SMA (21)
■ SMA (50)

買いと増し玉の機会

4月の上昇トレンドを最初に
牽引した銘柄の1つ。弱気
相場中に新高値を付け、
21日SMAエリアまで押した
が、そこから再び上昇

新高値を付けると21日SMAまで
浅く押すが、そこが強い支持線と
なって反発し、株価は3カ月足らず
で2倍に

急騰後にちゃぶつくが、
50日SMAエリアで下げ
止まる（2回その線まで届かずに反発）

大商いで大きくギャップア
ップ。翌日も大きく上げる
が反落し、大商いで急落
――クライマックスの動き

売りと手仕舞いの機会

支持線エリアがあまりきれい
でなく、明確な方向性が示さ
れないため、ちゃぶついて、
仕掛けてもすぐに逆行

Volume
■ Volume
■ SMA (10)

© 2021 StockMaster

Feb Mar Apr May Jun Jul Aug Sep Oct Nov Dec

max
300
250
200
150
100

30M
20M
10M

読者には、本書で取り上げた各銘柄を見直して、**図3.1**や**図3.2**のようにチャートに「買いと増し玉の機会」や「売りと手仕舞いの機会」の書き込むように勧める。あるいは、それらの銘柄のトレードを実際にしていたのならば、そこに印を付けて、大きな動きを見逃していた場合に、今後どうやれば改善できるかを確認するとよい。過去の自分のトレードを研究し、それを過去に大きく動いた銘柄と比較すればするほど、どこを改善すればよいか分かってくるはずだ。相場では、自分に正直になって自分のしたことや逃した機会や犯した過ちを検討することに勝るものはない。相場で確実なことは何もないので、だれでも間違いを犯す。しかも、たくさんの間違いを、だ！それはトレードでは避けられない。しかし、自分の弱点を認識して、今後のトレードでそれを修正すればするほど、成績は良くなっていく。

　それでは、2020年のモンスター株をいくつか見て、2021年の値動きと比べることにする。それらがどのように天井を付けて、警告シグナルを発し始めたかが分かるだろう。多くの銘柄が似た動きをしながら天井を付けた。大化け株のトレンドが転換し始めたら、それに合わせて自分も行動を変えるのが賢明だ。堅実な売りのルールを作っておけば、いざというときに動ける。過去の先導株のチャートを研究すれば、売買について多くの教訓が得られる。ウィリアム・J・オニールは私の前著『モンスターストック（Monster Stocks）』の表紙の推薦文に、「過去の大化け株を研究すれば、将来、大化け株を買える」という素晴らしい言葉を書いてくれた。彼は生涯に多くの大化け株を捉えたので、だれよりもそれらについてよく知っているはずだ。過去の先導株を研究すれば、これからは上昇時にも下落時にも役に立つだろう。しかし、実際に自分でそれらのト

レードをして、何が起きるかを経験するのが一番だ。誤解しないで
ほしいが、それは簡単なことではない！　自ら失敗して損を出すこ
とに勝る教師はいない。何度も痛い目に遭わないと、うまくいかな
い行動を止められるようにはならない。以降のチャートを研究すれ
ば、いつトレンドが転換したか分かるだろう。

図3.3 ズームの2020年（上）と2021年の日足チャート（ストックマスター）

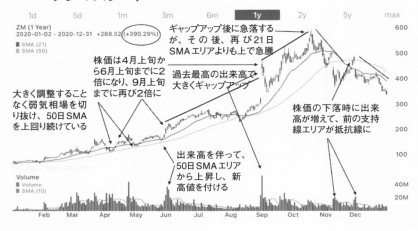

大きく調整することなく弱気相場を切り抜け、50日SMAを上回り続けている

株価は4月上旬から6月上旬までに2倍になり、9月上旬までに再び2倍に

過去最高の出来高で大きくギャップアップ

ギャップアップ後に急落するが、その後、再び21日SMAエリアよりも上で急騰

株価の下落時に出来高が増えて、前の支持線エリアが抵抗線に

出来高を伴って、50日SMAエリアから上昇し、新高値を付ける

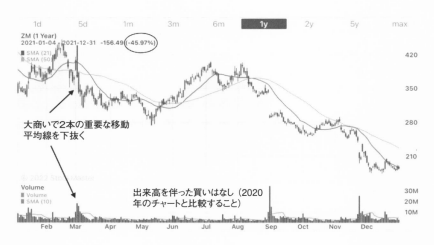

大商いで2本の重要な移動平均線を下抜く

出来高を伴った買いはなし（2020年のチャートと比較すること）

図3.4　ドキュサインの2020年（上）と2021年の日足チャート（ストックマスター）

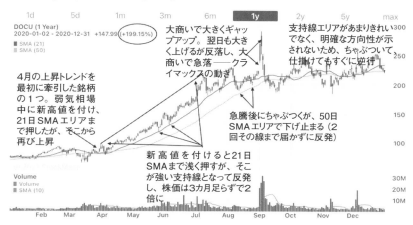

4月の上昇トレンドを最初に牽引した銘柄の1つ。弱気相場中に新高値を付け、21日SMAエリアまで押したが、そこから再び上昇

大商いで大きくギャップアップ。翌日も大きく上げるが反落し、大商いで急落――クライマックスの動き

支持線エリアがあまりきれいでなく、明確な方向性が示されないため、ちゃぶついて仕掛けてもすぐに逆行

急騰後にちゃぶつくが、50日SMAエリアで下げ止まる（2回その線まで届かずに反発）

新高値を付けると21日SMAまで浅く押すが、そこが強い支持線となって反発し、株価は3カ月足らずで2倍に

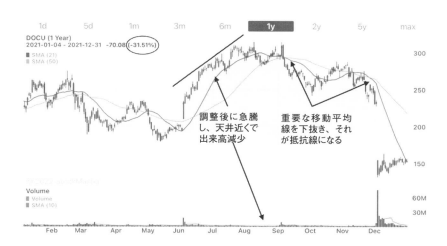

調整後に急騰し、天井近くで出来高減少

重要な移動平均線を下抜き、それが抵抗線になる

図3.5　ペロトン・インタラクティブの2020年（上）と2021年の日足チャート（ストックマスター）

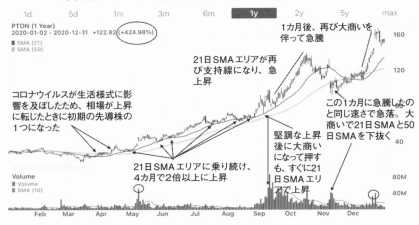

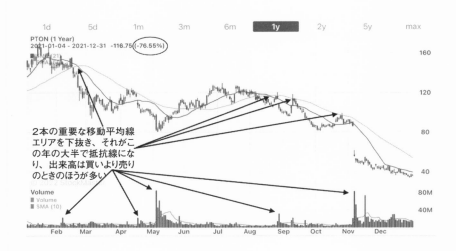

図3.6 スクエアの2020年（上）と2021年の日足チャート（ストックマスター）

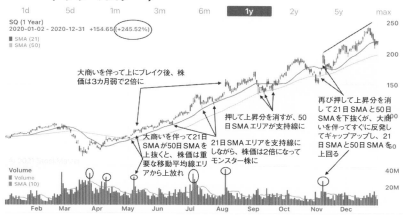

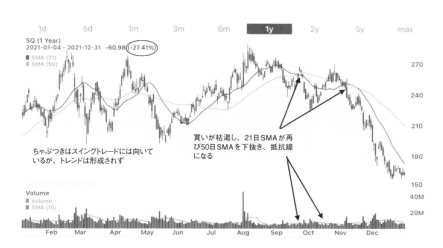

図3.7　ニーオの2020年（上）と2021年の日足チャート（ストックマスター）

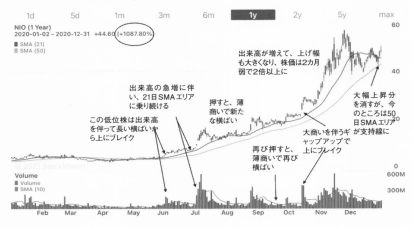

出来高が増えて、上げ幅も大きくなり、株価は2カ月弱で2倍以上に

出来高の急増に伴い、21日SMAエリアに乗り続ける

押すと、薄商いで新たな横ばい

大幅上昇分を消すが、今のところは50日SMAエリア

この低位株は出来高を伴って長い横ばいから上にブレイク

再び押すと、薄商いで再び横ばい

大商いを伴うギャップアップで上にブレイク

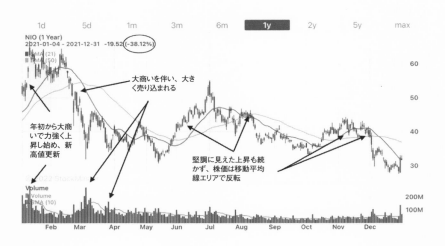

大商いを伴い、大きく売り込まれる

年初から大商いで力強く上昇し始め、新高値更新

堅調に見えた上昇も続かず、株価は移動平均線エリアで反転

図3.8 ピンドゥオドゥオの2020年（上）と2021年の日足チャート（ストックマスター）

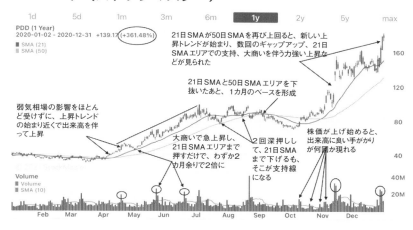

21日SMAが50日SMAを再び上回ると、新しい上昇トレンドが始まり、数回のギャップアップ、21日SMAエリアでの支持、大商いを伴う強い上昇などが見られた

21日SMAと50日SMAエリアを下抜いたあと、1カ月のベースを形成

弱気相場の影響をほとんど受けずに、上昇トレンドの始まり近くで出来高を伴って上昇

大商いで急上昇し、21日SMAエリアまで押すだけで、わずか2カ月余りで2倍に

2回深押しして、21日SMAまで下げるも、そこが支持線になる

株価が上げ始めると、出来高に良い手がかりが何回か現れる

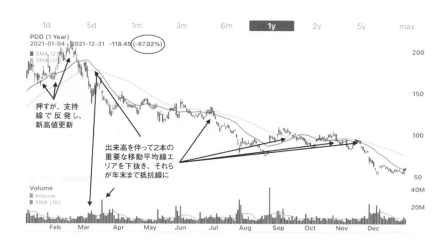

押すが、支持線で反発し、新高値更新

出来高を伴って2本の重要な移動平均線エリアを下抜き、それらが年末まで抵抗線に

図3.9 ロクの2020年（上）と2021年の日足チャート（ストックマスター）

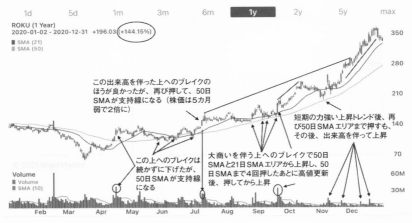

この出来高を伴った上へのブレイクの
ほうが良かったが、再び押して、50日
SMAが支持線になる（株価は5カ月
弱で2倍に）

短期の力強い上昇トレンド後、再
び50日SMAエリアまで押すも、
その後、出来高を伴って上昇

この上へのブレイクは
続かずに下げたが、
50日SMAが支持線
になる

大商いを伴う上へのブレイクで50日
SMAと21日SMAエリアから上昇し、50
日SMAまで4回押したあとに高値更新
後、押してから上昇

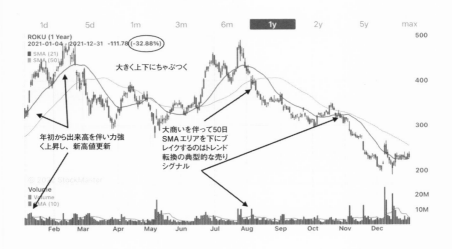

大きく上下にちゃぶつく

年初から出来高を伴い力強
く上昇し、新高値更新

大商いを伴って50日
SMAエリアを下にブ
レイクするのはトレンド
転換の典型的な売り
シグナル

図3.10　グロージェネレーションの2020年（上）と2021年の
日足チャート（ストックマスター）

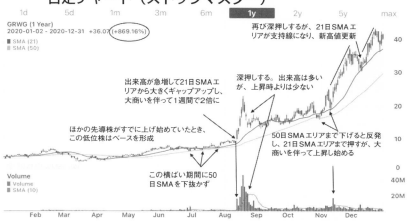

図3.11 ファストリーの2020年（上）と2021年の日足チャート（ストックマスター）

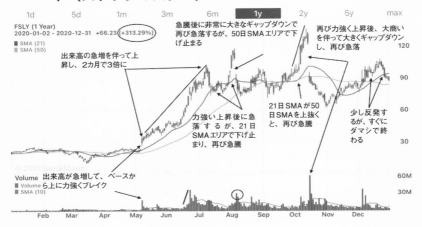

急騰後に非常に大きなギャップダウンで再び急落するが、50日SMAエリアで下げ止まる

再び力強く上昇後、大商いを伴って大きくギャップダウンし、再び急落

出来高の急増を伴って上昇し、2カ月で3倍に

21日SMAが50日SMAを上抜くと、再び急騰

少し反発するが、すぐにダマシで終わる

力強い上昇後に急落するが、21日SMAエリアで下げ止まり、再び急騰

出来高が急増して、ベースから上に力強くブレイク

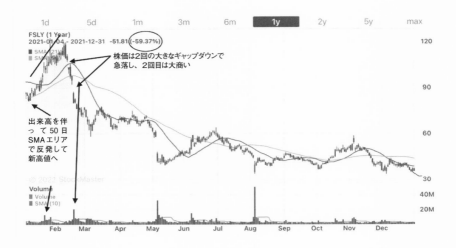

株価は2回の大きなギャップダウンで急落し、2回目は大商い

出来高を伴って50日SMAエリアで反発して新高値へ

図3.12 ファイバー・インターナショナルの2020年（上）と 2021年の日足チャート（ストックマスター）

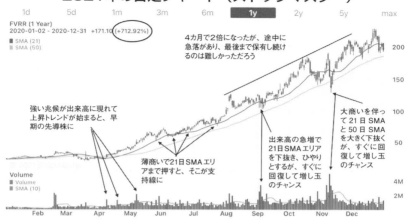

4カ月で2倍になったが、途中に急落があり、最後まで保有し続けるのは難しかっただろう

強い兆候が出来高に現れて上昇トレンドが始まると、早期の先導株に

薄商いで21日SMAエリアまで押すと、そこが支持線に

出来高の急増で21日SMAエリアを下抜き、ひやりとするが、すぐに回復して増し玉のチャンス

大商いを伴って21日SMAと50日SMAを大きく下抜くが、すぐに回復して増し玉のチャンス

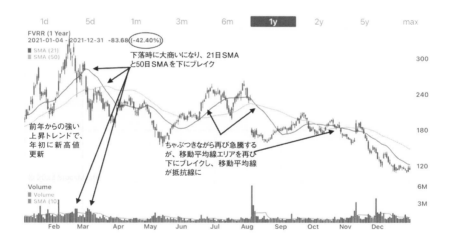

下落時に大商いになり、21日SMAと50日SMAを下にブレイク

前年からの強い上昇トレンドで、年初に新高値更新

ちゃぶつきながら再び急騰するが、移動平均線エリアを再び下にブレイクし、移動平均線が抵抗線に

図3.13 ピンタレストの2020年（上）と2021年の日足チャート（ストックマスター）

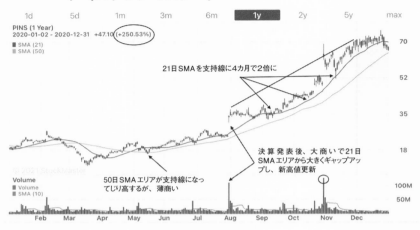

21日SMAを支持線に4カ月で2倍に

決算発表後、大商いで21日SMAエリアから大きくギャップアップし、新高値更新

50日SMAエリアが支持線になってじり高するが、薄商い

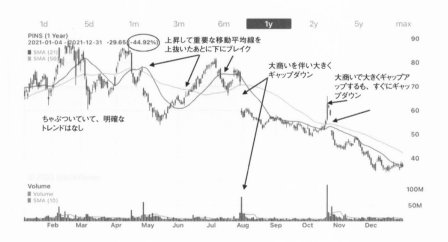

上昇して重要な移動平均線を上抜いたあとに下にブレイク

大商いを伴い大きくギャップダウン

大商いで大きくギャップアップするも、すぐにギャップダウン

ちゃぷついていて、明確なトレンドはなし

図3.14　ドラフトキングスの2020年（上）と2021年の日足チャート（ストックマスター）

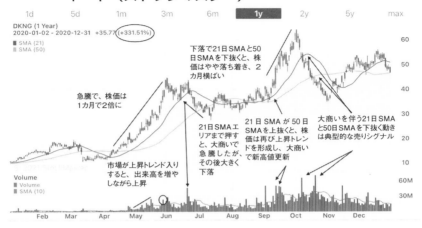

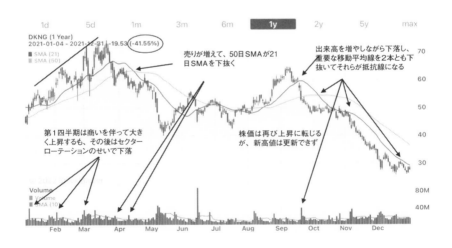

すでに分かったように、2020年初めの急落後、株式市場は2年間にわたる上昇トレンドではあったが、それぞれの年の動きは異なっていた。次はウィリアム・J・オニールの著書『**オニールの成長株発掘法**』（パンローリング）からの引用だが、2020年（第1段落）と2021年（第2段落）の相場の多くを説明していると思う。

　本当に大儲けできるのは通常の新しい強気相場サイクルの最初の1年か2年だ。この時期にこそ、必ず絶好の機会を認識してそれを十分に利用しなければならない。
　「上昇」サイクルの残りの期間では通常、平均株価が一進一退の動きをし、その後は弱気相場に入る。新しい強気相場の1年目か2年目には、平均株価で中期の下落が数回あるはずだ。これは通常2〜3カ月続き、株式市場の指数は8％から時には12〜15％程度下落する。

　2020年は「上へのブレイクで買い、典型的な売りシグナルが点灯するまで持ち続ける」ほうが報われやすかったが、2021年の大半は短期的なスイングトレードに適した環境になり、年が進むにつれて素早く動くほうが報われるようになった。リチャード・D・ワイコフとジェラルド・M・ローブは100年以上前に株のトレードを始めて何十年も活躍し、大成功を収めたが、2人とも相場つきに合わせて素早く動く短期戦略を用いた。トレードで成功するには柔軟性と、必要に応じて戦略を変える能力が重要になる。第2章で紹介した、2021年のUSインベスティング・チャンピオンシップの優勝者であるマーク・ミネルヴィニは第1四半期から時間軸を短くして短期トレードをしたが、それはそういう相場つきだったからだ。彼は自分

の基準に合った銘柄を買い、短期の上昇中に素早く売り抜けた。また、資金を大幅に集中させて短期で利益を確定させた。そして、相場がポジションに逆行したら、必ず素早く損切りをした。年間を通じてこの戦略を高い回転率で繰り返し、株式市場が最高の機会をもたらした銘柄に移り続けた。そして、毎月のリターンを再投資して、マネージドアカウントの株式部門で記録を更新して、優勝した。

　2020年とは相場つきが変わったため、彼は2021年にリスク管理を非常に厳しくした戦略で柔軟かつ機敏に動いた。この市場の変化で報われたのは、上へのブレイクで株を買ってほんの少し乗り、短期的な上昇中に売り抜けたトップトレーダーたちだった。ブレイクで買えばうまくいきそうに見えたが、上昇は長続きしなかった。2020年はそうではなかった。2021年には、トップトレーダーたちは利益が得られそうなセクターの銘柄に乗り換え続けた。上昇トレンドが長く続きそうに見えても、ブレイク後の上昇は長続きしなくなった。短期トレーダー向きの相場では、上へのブレイクで短期トレードをして、セクターローテーションを見ていくほうが利益になる。リチャード・D・ワイコフは著書『スタディーズ・イン・ストック・スペキュレーション（Studies in Stock Speculation - Volume 1)』のなかで、短期トレーダー向きの相場の要素について述べている（しかも、100年近く前にだ）。要約すると、そのような相場環境を利用するためには経験を積んで、素早く反応できるようになる必要があるため、ほとんどのトレーダーは明確なトレンドが形成されるまでこうした相場に手を出さないように、というのが彼のアドバイスだった。本書で取り上げたトップトレーダーの一部は、2021年にそうした短期的戦略を用いて大成功を収めた。彼らは市場の動きを認識して、適切な機会が訪れたら仕掛けられるだけの経験を積んでいた

のだ。

　また、ワイコフは何十年も前にジェシー・リバモアにインタビューをしていて、1984年にウィンザー・ブックスから『ジェシー・リバモアズ・メソッズ・オブ・トレーディング・イン・ストックス（Jesse Livermore's Methods of Trading in Stocks）』という小冊子で復刻されている。以下の抜粋は、上昇トレンドが長く続いていて、途中で大きな調整もしていないが、ちゃぶついて上げ下げを繰り返す時期のトレード機会について述べたものだ。短期トレード向きの相場が始まる直前の2021年初頭に、トップトレーダーの何人かはリバモアが当時この種の相場が始まったときに見たことを理解していた。

　　市場が中期スイングを繰り返して、重要な転換をしそうな水準に近づき始めると、彼は取引がより活発になるところを探して、急騰する持ち株のすべてか一部を売ることが非常に多い。この急騰は相場の後期、つまり、いわゆる売りゾーンで起きる。
　　彼は活発にトレードを行うが、ずっと以前に毎日売買を繰り返すという悪癖は直していた。彼が行うトレードで次に重要なのは10ポイントから30ポイントの値動き、期間で言えば１～２週間から数カ月の中期スイングである。例えば、株式市場が上昇の後半に入り、相場の転換点ではないが、買われ過ぎになり、テクニカル分析では10～15ポイントの反落が近いとする。このような状況では、彼は買いポジションを減らし、下げたときに安値で買い直すのが最善だと考える。この銘柄はいずれもっと高値で売れると考えているので、持ち続ければ20～30ポイントの利益が得られるかもしれない。しかし、急落直前に売って、10ポイント安く買い直すことができれば、それだけ元のコスト

を減らすことができる。

　リバモアの述べたことは、2020年の株式市場の大幅上昇が多くの先導株に及んでいた2021年初頭と大いに関連しているように見える。上昇トレンドが続くなか、2021年の春先には相場を主導するセクターが変わり始めた。年が進み、上昇トレンドが続くと、相場を主導するセクターの移り変わりがさらに目立ってきた。この時期にはスイングトレードやスキャルピングが最もうまくいきそうに思われた。そして、上昇トレンドが長く続いた時期にリバモアが戦略を調整したのは、緩やかな上昇トレンドが続くと反落が起きやすいことを知っていたからだ。第2章のトップトレーダーの節では、2021年の上昇トレンドが進むにつれて、こうしたより短期のトレード戦略が先導株に当てはめられたことを学んだ。

　私の著書『モンスターストック（Monster Stocks）』で説明した戦略（本章の前半で要約）は何十年にもわたって機能し、2020年にも非常にうまくいった。上昇トレンドが長く続くにつれて起きる変化に対応するために、この戦略に手を加えることもできる。私はこれをマキシマム・モンスター・ストック戦略（MMSS）と呼んでいる。この著書で説明した手順はウィリアム・J・オニール、ジェシー・リバモア、リチャード・D・ワイコフ、ジェラルド・M・ローブ、ニコラス・ダーバスなど、成長株のモメンタムトレードで過去に成功した人たちを綿密かつ歴史的な調査をして得たものだ。彼らは最も優れた銘柄の「上昇前」「上昇中」「上昇の終わり」にどういう動きをしたかを研究した。そして、それぞれが自分の個性やスタイルに合わせて、システムを微調整や追加や調整などをした。彼らはみんな、優れた銘柄が大化けする際の共通点を見いだした。

ここまで述べてきたように、上昇トレンドが長く続き、特に2020年のような年を過ぎると、通常は買いの勢いが衰え始める。この状態になるのは通常、こうした上昇トレンド中に大きな調整（株価指数が高値から10〜20％下落）や弱気相場（株価指数が高値から20％以上の下落）がほとんどない場合だ。また、市場の上昇トレンドや下降トレンドには強いトレンド、弱いトレンド、ちゃぶつくトレンドなど、いくつかのバリエーションがある。私はH/L/Gを使って、上昇トレンドの強さを感じ取っている。強い上昇トレンドではこの値が健全だが、ちゃぶつく上昇トレンドではこの値が低くなり、数日でプラスとマイナスが簡単に入れ替わる。新高値から新安値を引いた値（H/L/G）を示した2020年（**図1.3**）と2021年（**図2.33**）の株価指数のチャートを見ると、これらの関係が分かる。

　株式市場が上昇トレンドにあって少しも調整がなければ、ほとんどの投資家やトレーダーは強い上昇トレンド途上ですでに資金をつぎ込んでいるため、上昇が続くほど買いの勢いは弱くなる。これに対応するために、モンスター株の典型的な売り戦略をもっと厳しくしてもよい。典型的な売り戦略では、大きく上昇した銘柄が21日移動平均線か50日移動平均線を特に大商いを伴って下にブレイクしたときに売りシグナルを点灯させる。もう1つの典型的な売りシグナルは天井を付けるときの急騰だ。MMSS戦略を用いる場合には、相場環境が変化したときにこの戦略を少し厳しくする。つまり、売りシグナルに使う移動平均線が10日移動平均線エリアまで上がってきたら、その銘柄のポジションのすべてか一部を売る。また、クライマックストップの急騰よりも前の上昇でポジションのすべてを売るか少しずつ売っていくのも、売りを厳しくする戦略の1つだ。この種の売りは典型的な下へのブレイクやクライマックストップの急

騰までポジションをすべて維持し続けるのではなく、攻めの「スケールアウト（ポジションを少しずつ減らしていく）」売りだ。その後、市場がちゃぶつくようになると、売りが広がる。さらに、上へのブレイク後に20〜25％上げてから利食いを始めるのはインベスターズ・ビジネス・デイリーの典型的な売りの手法だが、そこまで待たないのも、別の攻めの厳しい売りの戦略である。そうすることで、10日移動平均線か21日移動平均線から反発したときに買い直すことができる。これはリバモアが述べた、押したあとに再び上昇し始めた先導株を買い直すのと似ている。このように攻めと守りの売りの戦略を調整するのは、市場環境が変化したときに有効だ。これはポジショントレードよりも短期的な手法だが、上昇トレンドが長く続いているなかでトレードを繰り返したい人に役立つ。最も強い先導株を買って、押してベースを再び形成する段階でもポジションを維持し続ける代わりに、MMSS戦略を正しく実行すればリターンを再投資できる。つまり、相場の各サイクルでの市場や先導株の動きに反応するということだ。このように、必要なときに「今」というゾーン状態に入って戦略を調整できるようになれば、将来の相場で状況が変化したときに役に立つだろう。

　株式市場ではさまざまなステージとトレンドが繰り返されるので、この章の冒頭で述べた教訓も繰り返し頭に入れる必要がある。本書の執筆時点（2022年1月）では、株式市場は2021年11月に天井を付けて調整局面に入っている。2022年1月は売りが優勢だった。2020年初頭と同じように多くのシグナルが点灯していた。ディストリビューションデー（株価指数が前日より0.2％以上下げて、出来高も前日より増える日）が多くなり、先導株は天井を付け、インベスターズ・ビジネス・デイリーは市場見通しを「調整局面」に格下げし、

H/L/Gはほとんどマイナスだった。実際、11月中旬から1月末までの取引日のうちの78％がマイナスだった（51日のうち40日）。これは大きなトレンドの転換だ。多くのトップトレーダーは資金を現金化していたが、エネルギーなどごく一部のセクターでトレード機会があった少数の先導株でトレードをしている人もいた。しかし、いつか必ず訪れるトレンドの転換までは、資金を守ることを最優先にしつつ、調査を続けて、将来訪れる機会に目を向け続けることが大切である。

Conclusion

毎日、何かをじっくり観察していると、観察力が鋭くなる。株式市場は複雑で矛盾に満ちている。しかし、偉大なトレーダーたちが発見したように、観察力と柔軟性があり、リスクと考え方の両方をコントロールできれば、長期にわたって一貫して利益を得られる側にいようと努めるときに大いに役立つ。

　そうした観察力と柔軟性のあるなしで、2020年と2021年の相場でパフォーマンスに明確な差が現れた。上昇トレンドは、特にそれが長期間続くと変化する。堅実で実績のあるトレードプランに忠実であることがとても大切だ。また、トレードプランはトレーダーの個性（性格）に合っていなければならない。相場の状況に応じて微調整することが役に立つ場合もある。しかし、相場が動くたびに戦略を次々に変えるのはやめよう。何でも屋になるよりも、１つの戦略に精通したほうがよい。株式相場は終わりのない学習過程なのだ。自分の戦略がうまくいき、リスク管理がしっかりできるようになったら、しっかり規律を守れるようになる必要がある。重要なのは規律ある手法だ。規律を守っていれば、自分のことに集中できるようになり、やがてもっと一貫した行動をとれるようになる。規律と手法に一貫性があれば、成績も一貫して向上し始めるはずだ。

　最高のトレーダーたちがどうやって何十年にもわたって成功し続けたかについて基礎知識を持てば、株式市場について多くを学ぶことができる。また、彼らの失敗からも多くを学ぶことができる。一流トレーダーたちはみんな、以前に成功したトレーダーたちから学んだ。もちろん、そうした基礎知識だけで成功することはできない。株式市場で成功するまでの道のりは長くて険しく、挫折を味わうことも多い。しかし、偉大なトレーダーについての本を読み、彼らの手法を研究することから始めるべきだ。チャートの研究も重要だ。

耳寄り情報や雑音にできるだけ気を取られないようにすることも重要だ。最終的には、すべてが価格に集約されるということを忘れないでほしい。価格にはみんなの相場観や反応や決断、それにニュースなどが反映されるからだ。観察がもう１つのカギだ。自分に合った実証済みの戦略を見つけて、失敗から学び、歴史上の最高のトレーダーやモンスター株を研究し、自分の手法で規律を保とう。

「お勧めの著書とアプリ」の項目では、何世代にもわたってトレーダーの助けになった、これまでで最高の投資本を何冊か挙げておく。株式市場について書かれた本は何千冊もあるが、研究に値するものはほんの一握りだ。これは私だけの意見ではない。以下の本は多くのトップトレーダーが学習や理解をするうえで欠かせない基礎知識だと言ったものだ。その多くは数十年も前に出版されたものだが、不朽の名著である。私の著書もそれらの多くを参考にさせてもらった。私は投資本を何百冊も読んだが、どの本からも何かを得ることはできる。だが、以下で紹介した本はマーケットとトレードに関する知識の基礎を最も上手に教えてくれた。

お勧めの著書とアプリ

優れた投資本

ウィリアム・J・オニール著『オニールの成長株発掘法──エレガントで芸術的な銘柄選択をするために【第2版】』（パンローリング）

ニコラス・ダーバス著『新装版　私は株で200万ドル儲けた──ブレイクアウト売買法の元祖「ボックス理論」の生い立ち』（パンローリング）

ジェシー・リバモア著『リバモアの株式投資術』（パンローリング）

ジェラルド・M・ローブ著『投資を生き抜くための戦い──時の試練に耐えた規律とルール』（パンローリング）

リチャード・D・ワイコフ著『ワイコフの相場成功指南──勝つための板情報の読み方入門』（旧題『板情報トレード──テープリーディングのプロが教える株式売買法』（パンローリング）

マーク・ダグラス著『ゾーン──相場心理学入門』（パンローリング）

ギル・モラレス、クリス・キャッチャー著『株式売買スクール──オニールの生徒だからできた1万8000％の投資法』（パンローリング）

マーク・ミネルヴィニ著『株式トレード　基本と原則』（パンローリング）

マーク・ミネルヴィニ著『ミネルヴィニの成長株投資法──高い先導株を買い、より高値で売り抜けろ』（パンローリング）

スタン・ウエンスタイン著『テクニカル投資の基礎講座──チャートの読み方から仕掛け・手仕舞いまで』（パンローリング）

ニコラス・ダーバス著『「株で200万ドル儲けたボックス理論」の原理原則――いつ買い、いつ売るかを教えてくれるダーカード』（パンローリング）

エドウィン・ルフェーブル著『欲望と幻想の市場――伝説の投機王リバモア』（東洋経済新報社）

ハンフリー・ニール著『テープ・リーディング・アンド・マーケット・タクティクス（Tape Reading and Market Tactics）』（1931年）

リチャード・D・ワイコフ著『スタディーズ・イン・ストック・スペキュレーション　Vol.1（Studies in Stock Speculation - Volume 1）』（1925年）

ブラッド・コテシュワー著『ザ・パーフェクト・スペキュレーター（The Perfect Speculator）』（2005年）

株式リサーチとアプリ

インベスターズ・ビジネス・デイリー
ストックマスター
トレーディングビュー

参考文献

ウィリアム・J・オニール著『オニールの成長株発掘法──エレガントで芸術的な銘柄選択をするために【第2版】』（パンローリング）

ジョン・ボイク著『モンスターストック（Monster Stocks）』（マグローヒル、2008年）

アレキサンダー・エルダー、ケリー・ラボーン著『ザ・ニューハイ－ニューロー・インデックス（The New High-New Low Index）』（SpikeTrade.com、2012年）

ギルバート・ハラー著『ザ・ハラー・セオリー・オブ・ストック・マーケット・トレンド（The Haller Theory of Stock Market Trends）』（ギルバート・ハラー、1965年）

リチャード・D・ワイコフ著『スタディーズ・イン・ストック・スペキュレーション　Vol.1（Studies in Stock Speculation - Volume 1）』（1925年）

『ジェシー・リバモアズ・メソッド・オブ・トレーディング・イン・ストック（Jesse Livermore's Methods of Trading in Stocks）』（ウィンザー・ブックス、1984年）

謝辞

　本書を成長株トレードへの道を切り開いた多くの先駆者たちに捧げます。特に、リチャード・D・ワイコフ、ジェシー・リバモア、バーナード・バルーク、ジェラルド・M・ローブ、ジャック・ドレイファス、ニコラス・ダーバス、ピーター・リンチ、ウィリアム・J・オニールに感謝します。彼らは新しい世代のトレーダーたちを導き、彼らに貴重な知識を伝えてくれました。

　本書で紹介することに同意してくれた今日の成功したトレーダーであるジム・ロッペル、イブ・ボボック、オリバー・ケル、マシュー・カルーソ、ライアン・ピアポント、ロイ・マトックス、そして特にマーク・ミネルヴィニに感謝します。みなさんの成績はほかの人たちを刺激し、やる気を起こさせるものです。

　本書の作成を手伝ってくれたエリートオーサーズのみなさんに感謝します。あなた方と仕事ができてよかったです。そして、本書が読者の投資やトレードの目標達成に役立つことを願っています。

■著者紹介
ジョン・ボイク（John Boik）
『黄金の掟──破産回避術（旧題『伝説のマーケットの魔術師たち』）』（パンローリング）の著者で、バロンズ誌が選ぶ2004年のベスト25冊に選ばれている。また、『ハウ・レジェンダリー・トレーダー・メイド・ミリオン（How Legendary Traders Made Millions）』『モンスターストック（Monster Stocks)』などの著作もある。この2冊は、ウィリアム・J・オニールとインベスターズ・ビジネス・デイリー（IBD）に推奨されている。彼のツイッターのアカウントは「@monsterstocks1」で、フォローできる。

■監修者紹介
長岡半太郎（ながおか・はんたろう）
放送大学教養学部卒。放送大学大学院文化科学研究科（情報学）修了・修士（学術）。日米の銀行、CTA、ヘッジファンドなどを経て、現在は中堅運用会社勤務。2級ファイナンシャル・プランニング技能士（FP）。『ルール』『その後のとなりの億万長者』『IPOトレード入門』『株式投資　完全入門』『知られざるマーケットの魔術師』『パーフェクト証券分析』『バリュー投資達人への道』『新版　バリュー投資入門』『鋼のメンタルトレーダー』『投資の公理』『株式市場のチャート分析』『ミネルヴィニの勝者になるための思考法』『アルゴトレード完全攻略への「近道」』『長期的投資の醍醐味「100倍株」の見つけ方』『株式投資のテクニカル分析補完計画』『無敵の「プライスアクション＋価格帯別出来高」FXトレード』『システムトレード　基本と原則【実践編】』『バフェットからの手紙【第8版】』『ロジャー・マレーの証券分析』『分裂がとまらない漂流アメリカ』など、多数。

■訳者紹介
山口雅裕（やまぐち・まさひろ）
早稲田大学政治経済学部卒業。外資系企業などを経て、現在は翻訳業。訳書に『フィボナッチトレーディング』『規律とトレンドフォロー売買法』『逆張りトレーダー』『システムトレード　基本と原則』『一芸を極めた裁量トレーダーの売買譜』『裁量トレーダーの心得　初心者編』『裁量トレーダーの心得　スイングトレード編』『コナーズの短期売買戦略』『続マーケットの魔術師』『アノマリー投資』『シュワッガーのマーケット教室』『ミネルヴィニの成長株投資法』『高勝率システムの考え方と作り方と検証』『コナーズRSI入門』『3％シグナル投資法』『成長株投資の神』『ゾーン　最終章』『とびきり良い会社をほどよい価格で買う方法』『株式トレード　基本と原則』『金融市場はカジノ』『「恐怖で買って、強欲で売る」短期売買法』『「株で200万ドル儲けたボックス理論」の原理原則』『ルール』『知られざるマーケットの魔術師』『財産を失っても、自殺しないですむ方法』『ミネルヴィニの勝者になるための思考法』『システムトレード　基本と原則【実践編】』（パンローリング）など。

2023年9月3日　初版第1刷発行

ウィザードブックシリーズ⑨

モンスター株の売買戦術
──大化け銘柄をどこで買い、増し玉し、手仕舞うのか

著　者　　ジョン・ボイク
監修者　　長岡半太郎
訳　者　　山口雅裕
発行者　　後藤康徳
発行所　　パンローリング株式会社
　　　　　〒160-0023　東京都新宿区西新宿7-9-18　6階
　　　　　TEL 03-5386-7391　FAX 03-5386-7393
　　　　　http://www.panrolling.com/
　　　　　E-mail　info@panrolling.com
編　集　　エフ・ジー・アイ（Factory of Gnomic Three Monkeys Investment）
装　丁　　パンローリング装丁室
組　版　　パンローリング制作室
印刷・製本　株式会社シナノ

本書の感想をお寄せください。
お読みになった感想を下記サイトまでお送りください。
書評として採用させていただいた方には、弊社通販サイトで
使えるポイントを進呈いたします。

https://www.panrolling.com/execs/review.cgi?c=wb

ウィザードブックシリーズ179

オニールの成長株発掘法
【第4版】

ウィリアム・J・オニール【著】

定価 本体3,800円+税　ISBN:9784775971468

大暴落をいち早く見分ける方法

ベストセラー『マーケットの魔術師』(パンローリング)で紹介されたアメリカ屈指の投資家であるウィリアム・J・オニールがやさしく解説した大化け銘柄発掘法!

株式投資では、ファンダメンタルズ情報を基礎に投資する銘柄を決定する場合、大きく分けて2種類のタイプがある。世界一の投資家であり、資産家であるウォーレン・バフェットが実践する「バリュー投資」と、このオニールの「成長株投資」だ。

第4版の本書では大化け銘柄の発掘法とともに、2000年と2008年のような暴落から身を守る方法も明らかにされている。また、1880～2009年に大化けした銘柄の詳しい解説付きのチャートを100枚掲載し、初心者にもひと目で分かるような工夫が施されている。

ウィザードブックシリーズ198

株式売買スクール
オニールの生徒だからできた 1万8000%の投資法

ギル・モラレス、クリス・キャッチャー【著】

定価 本体3,800円+税　ISBN:9784775971659

伝説の魔術師をもっともよく知る2人による 成長株投資の極意!

多くのトレーダーがマーケットで損失を出すなかで、ギル・モラレスやクリス・キャッチャーは投資で大きな利益を得ている。この差はいったいどこで生まれるのだろうか?　ウィリアム・オニールは「株式市場の参加者の90%は事前の準備を怠っている──それが人間というものだ」と述べている。本書はその準備をするための道具である。マーケットに投資をすれば、自分の資金を守れるかどうかが試されることになるのは間違いない。オニール流の投資法を総合的に分かりやすくまとめ上げた本書を読めば、トレーディングの神髄に近づけるだけでなく、莫大な報酬を得る助けになるだろう。

ウィザードブックシリーズ 265

株式トレード 基本と原則

マーク・ミネルヴィニ【著】

定価 本体3,800円+税　ISBN:9784775972342

生涯に渡って使えるトレード力を向上させる知識が満載！

ミネルヴィニは、ほんの数千ドルからトレードを始め、口座の資金を数百万ドルに増やした。分かりやすく言うと、口座に10万ドルがあったとすると、わずか5年で3000万ドル以上にまで増やし、総リターンが3万3500％という驚異のリターンを達成したということだ！　その間、年平均では220％のリターンを上げ、損失を出したのは1四半期だけだった。そのミネルヴィニの3冊目に当たる本書は、株式投資のノウハウに本気で取り組む気持ちさえあれば、リスクを最低限に維持しつつ、リターンを劇的に増やす方法を学ぶことができるだろう。ミネルヴィニは時の試練に耐えた市場で勝つルールの使い方を本書で段階を追って示し、投資成績を向上させて素晴らしいパフォーマンスを達成するために必要な自信もつけさせてくれるだろう。

ウィザードブックシリーズ 213

ミネルヴィニの成長株投資法
高い先導株を買い、より高値で売り抜けろ

マーク・ミネルヴィニ【著】

定価 本体2,800円+税　ISBN:9784775971802

高い銘柄こそ次の急成長株！

本書で、ミネルヴィニは株式トレード法であるSEPAを公開する。慎重なリスク管理や自己分析と忍耐があれば、この手法でほぼすべての市場で信じられないようなリターンが得られる。彼は一貫して3桁のリターンを得るために、どうやって正確な買い場を選び、仕掛け、そして資金を守るかについて、詳しく分かりやすい言葉で説明している。株取引の初心者にも、経験豊かなプロにも、並外れたパフォーマンスを達成する方法が本書を読めば分かるだろう！　初心者にも理解しやすい教訓やトレードの真実、そして具体的な戦術と、要するに、アメリカで大成功を収めた株式トレーダーが30年のキャリアで得たことのすべてを隠すことなく公表している。あなたはそこから貴重な知識を得るだろう。

ウィザードブックシリーズ 245

新装版 私は株で200万ドル儲けた
ブレイクアウト売買法の元祖 「ボックス理論」の生い立ち

ニコラス・ダーバス【著】

定価 本体1,500円+税　ISBN:9784775972144

多くの熱い読者からの要望で新装版で復刊！

個人投資家のダンサーがわずかな資金をもとに株式売買で200万ドルの資産を築いた「ボックス投資法」！

本書は、株式市場の歴史に残る最も異例で、輝かしい成功物語のひとつである。ダーバスがボックス理論を発見するまでの悪戦苦闘は、投資を始めたばかりの初心者がだれでも犯す典型的な失敗の数々であるが、そこから独自の理論を考案するまでの軌跡は読者に驚きと大きなブレイクスルーをもたらすヒントとなるだろう。

ウィザードブックシリーズ 289

「株で200万ドル儲けた ボックス理論」の原理原則

ニコラス・ダーバス【著】

定価 本体1,500円+税　ISBN:9784775972588

次のステージに進めない投資家に贈る基本書

驚異的なロングセラーである『私は株で200万ドルを儲けた』の著者であるニコラス・ダーバスは、ボックス理論をさらに進化させ、株式相場をチャートで表すための画期的な方法を考案した。それをダーカードと名付けた。だれにでも使いやすくて携帯でき、これまでの方法にはない極めて重要な要素を持つカードである。本書はダーバスが開発した画期的なダーカード使用法にとどまらず、トレード初心者にはマーケットに向き合う基本を伝授してくれ、次のステージに進めないで悩んでいるトレーダーにはブレイクスルーをもたらすヒントが満載されている。まさに永遠に読み継がれるべき相場の基本書であり、教科書であり、奥義書である！

ウィザードブックシリーズ246

リバモアの株式投資術

ジェシー・ローリストン・リバモア【著】

定価 本体1,500円+税　ISBN:9784775972151

リバモア自身が書いた唯一の相場書
順張りの極意が待望の復刊

20世紀初頭、トレードの世界で大勝利と破産を繰り返した相場師ジェシー・リバモア。リバモアは、厳しく徹底したルールを自らに課し、外からの情報には一切流されず、自身の分析のみで相場に挑む孤高の相場師であった。

何年もかかって独力で作り上げた投機のルールとそれを守る規律だけでなく、破産に至った要因、その分析と復活を成し遂げた軌跡は、その後の多くの投資家・トレーダーたちに大きな影響を与えた。

リバモアを取り上げた書籍は多くあるものの、リバモア自身が執筆し、その手法を解説したものは本書以外にない。リバモアを知りたければ、まずは本書を手に取るべきだろう。

ウィザードブックシリーズ309

IPOトレード入門
超成長株発見法

イブ・ボボック、キャシー・ドネリー、
エリック・クロール、カート・デイル【著】

定価 本体3,800円+税　ISBN:9784775972793

次なるGAFAはこうして探せ！ 銘柄のライフサイクルを見極める厳選株式投資入門

本書は、IPO（新規株式公開）をしたさまざまな銘柄を上場直後から観察し、超成長株になる銘柄と平凡なパフォーマンスしか残さない銘柄では、どこが違い、上場直後にどのような値動きをするのかを、今までになかった独自の視点から考察したものである。このIPOトレードに関する実践書は、今までだれも発表したことのない発見や非常に示唆的な検証結果が含まれており、大化けする銘柄を上場の初期段階（その株のライフサイクルで見た初期段階）で見つける助けになるだろう。

ウィザードブックシリーズ222

スーパーストック発掘法
3万時間のトレード術を3時間で知る

ジェシー・スタイン【著】

定価 本体3,800円+税　ISBN:9784775971901

4.5万ドルを680万ドルにした驚異の手法!

本書は、これまでの投資の伝統を打ち破ることによって、考えられないようなリターンを手にした私の実話である。私のポートフォリオは28カ月の間に、15万2000ドル→26万7000ドル→58万6000ドル→123万ドル→213万ドル→446万ドル→580万ドル→680万ドルへと膨れ上がった。一方、その間のドローダウンは61%→64%→65%→100%→100%→106%だった。信じられるだろうか。本書はすべてウソ偽りのないすべて真実の話である。

ウィザードブックシリーズ335

長期的投資の醍醐味「100倍株」の見つけ方
正しい銘柄を買い、保有し続ける

トーマス・ウィリアム・フェルプス【著】

定価 本体3,800円+税　ISBN:9784775973042

市場が10年間閉鎖されることが分かっているつもりで株を買う

トーマス・フェルプスは本書で、バイ・アンド・ホールド戦略を用いて富を100倍に増やす秘訣と戦略を明らかにしている。今日人気となっている短期的なトレンドトレードとは異なり、フェルプスの極めて論理的で、ラディカルでさえある方法論は、株式市場で複利マシンを見いだし、その株式を買い、少なくとも10年以上の長きにわたって保有し続けることで、読者も「100倍株」の恩恵にあずかれることに焦点を当てている。